Oldenbourg-Interpretationen

Herausgegeben von
Bernhard Sowinski und Reinhard Meurer

begründet von
Rupert Hirschenauer und Albrecht Weber

Band 46

Christa Wolf

Kassandra

Interpretation von
Rose Nicolai
unter Mitarbeit von
Doris Thimm

Oldenbourg

Die Seitenverweise in Klammern beziehen sich auf die Ausgabe:
Christa Wolf: Kassandra. Sammlung Luchterhand 455

Die Deutsche Bibliothek – CIP-Einheitsaufnahme

Nicolai, Rose:
Christa Wolf, Kassandra : Interpretation / von Rose Nicolai.
Unter Mitarb. von Doris Thimm. – 2., erg. und korrigierte
Aufl. – München : Oldenbourg, 1991
  (Oldenbourg-Interpretationen ; Bd. 46)
  ISBN 3-486-88645-2
NE: GT

2., ergänzte und korrigierte Auflage 1991
Unveränderter Nachdruck   93   92   91
Die letzte Ziffer bezeichnet das Jahr des Drucks.

Lektorat: Ruth Bornefeld
Herstellung: Gabriele Jaroschka
Umschlaggestaltung: Klaus Hentschke
Gesamtherstellung: R. Oldenbourg, Graph. Betriebe GmbH, München

ISBN: 3-486-88645-2

Inhalt

Vorwort

Christa Wolfs Erzählung *Kassandra* erschien zuerst im Frühjahr 1983 bei Luchterhand in Darmstadt; gleichzeitig erschienen dort *Voraussetzungen einer Erzählung: Kassandra. Frankfurter Poetik-Vorlesungen,* die Christa Wolf im Mai 1982 im Rahmen einer Poetik-Dozentur der Universität Frankfurt/M. gehalten hatte; als 5. Vorlesung trug sie eine in dieser Form nicht gedruckte gekürzte Fassung der Erzählung *Kassandra* vor. Die DDR-Ausgabe *Kassandra. Vier Vorlesungen. Eine Erzählung,* erschienen im Winter 1983/84 noch mit der Jahreszahl 1983 beim Aufbau Verlag Berlin und Weimar, enthält die – an einigen Punkten gekürzten – vier Frankfurter Vorlesungen (deren vierte schon im 1. Heft der Zeitschrift *Sinn und Form* von 1983 veröffentlicht worden war) zusammen mit der Erzählung *Kassandra* – eine broschierte Ausgabe, die mit Fotos zumeist archäologischer Denkmäler und griechischer Motive ausgestattet ist; wie die Luchterhand-Ausgabe der *Voraussetzungen* enthält sie am Schluß vier Seiten „Literaturnachweise".

Die poetischen Werke Christa Wolfs werden nach den in der Sammlung Luchterhand erschienenen Ausgaben zitiert (*Kassandra* SL 455 mit bloßer Seitenzahl; *Kindheitsmuster* SL 722 = KM; *Kein Ort. Nirgends* SL 325 = KON), die theoretischen Schriften nach *Die Dimension des Autors. Essays und Aufsätze, Reden und Gespräche 1959–1985,* Darmstadt und Neuwied 1987 (= DA).

Eindringliche Analysen zum Werk Christa Wolfs, insbesondere zu *Kassandra,* finden sich in dem Sammelband *Erinnerte Zukunft,* hrsg. von Wolfram Mauser, Würzburg 1985 (dort besonders die Arbeiten von Greiner, Roebling, Neumann und H. Mauser); von weiteren Aufsätzen seien hervorgehoben die von Lersch, Bennholdt-Thomsen, Mauser und Keller, von den Einzelveröffentlichungen die von Maisch und Risse. Die Rezensionen zu *Kassandra* sind am vollständigsten bibliographiert in: *Christa Wolf. Text und Kritik 46,* [3]1985; einige der dort gedruckten Aufsätze befassen sich mit *Kassandra.* Zu Christa Wolf allgemein: Sonja Hilzinger, *Christa Wolf,* Stuttgart 1986 (Sammlung Metzler 224) mit ausführlicher Bibliographie. Einen Meilenstein der Christa-Wolf-Forschung stellt nach wie vor Christa Thomassens Buch zu *Nachdenken über Christa T.* dar.

Ziel der vorliegenden Veröffentlichung ist es nicht in erster Linie, Deutungen zu geben, sondern Hilfen zum Verständnis und zur Diskussion dieses schwierigen Textes anzubieten. Es wird zunächst versucht, die Struktur des Werkes, das heißt, die doppelte Chronologie dieser Erinnerungsprosa (die des Erinnerten und des Erinnerns) durchsichtig zu machen und die sprachlichen Formen zu beschreiben, in denen sie sich realisiert.

Bei der Bereitstellung von Materialien wurden die Komplexe „Krieg und Frieden" und „Matriarchat und Patriarchat" bevorzugt. Es wurde angestrebt, die einzelnen Quellenwerke jeweils geschlossen darzustellen. Beim Komplex „Krieg und Frieden" sind – über den Kreis der von Wolf genannten Quellen hinaus – noch andere Werke der Weltliteratur in die Betrachtung einbezogen worden, um zu zeit- und nationalliteraturübergreifenden Arbeitsprojekten zum Thema „Trojanischer Krieg" anzuregen. (Hier sei besonders hingewiesen auf die Videoaufnahme der Aufführung von Shakespeares *Troilus und Cressida* der Münchner Kammerspiele.[1a]) Schwerpunkt der beiden Kapitel ist dann eine rezeptionsgeschichtlich orientierte Analyse der Erzählung *Kassandra* unter dem betreffenden Aspekt.

Es folgt eine Charakteristik der wichtigsten Personen und ihrer Beziehungen zu Kassandra; ein allgemeiner Überblick über die Konfigurationen der Erzählung findet sich am Beginn des didaktischen Teils.

Im Kassandra-Kapitel (Kap. 5) wurde versucht, durch Zusammenstellung textimmanenter Bezüge bestimmte Aspekte der Gestalt zu beleuchten, auf andere Themen wie das der „Stimme", „Freiheit und Gebundenheit", „Selbsttäuschung und Selbsterkenntnis", „Erinnerungswiderstand", „Kassandra und die Götter" mußte verzichtet werden.

In dem Kapitel über die Träume (Kap. 6 – vgl. dessen Einleitung) werden ebenfalls zunächst Materialien angeboten. Hier wie im letzten Kapitel über Sprache und Stil wird der Charakter der Erzählung als eines offenen Rezeptionsangebots polyvalenter Formen und Motive besonders deutlich.

1
Zeit und Erinnerung

> *„Was für mich ... das Ganze zu-*
> *sammenhält, ist nicht wie bei*
> *Aischylos der Mythos, ... sondern*
> *diese eine Person, die sich erinnert"*
> *(Documentation 108)*

1.1
Die Geschichte Kassandras

Die Erzählung *Kassandra* ist geschrieben als Erinnerungsmonolog der Titelfigur in den Stunden vor ihrem Tod. Das Erzählte überschreitet nicht den zeitlichen Rahmen von Kassandras Lebensspanne.[1b] Es läßt sich in groben Zügen so gliedern: Kindheit und Jugend Kassandras, trojanischer Krieg und Niederlage Trojas, Überfahrt der gefangenen Kassandra mit Agamemnon nach Griechenland.

In relativ geordneter zeitlicher Abfolge spiegeln sich die Ereignisse des trojanischen Krieges in Kassandras Erinnerung: vom ,Lustmord' des Achill an Troilos am ersten Kriegstag (84 ff.) bis zur Eroberung Trojas durch die im Pferd versteckten Griechen (157 ff.) an seinem Ende. Allerdings bleibt die zehnjährige Kriegszeit in ihrer zeitlichen Struktur merkwürdig amorph: Zeitangaben bei Kriegsereignissen fehlen im allgemeinen.[2]

Nur das erste und die beiden letzten Jahre des Krieges weisen klarere zeitliche Konturen auf. Wir erfahren, daß Kassandra „im Herbst nach Kriegsbeginn" (90) mit Oinone zum Fluß geht, um Weiden zu holen, und daß sie im Vorfrühling nach den ersten Monaten des Krieges, kurz vor dem Besuch des Aineias, im Freien ein „Lockern der Gelenke" (103) verspürt; die Überführung der Briseis zu den Griechen (94 ff.) und die Verwüstung der Besitzungen des Aineias durch Achill (101) gehören also ins erste Kriegsjahr. Am Ende des Krieges verbringt Kassandra „zwei Sommer und zwei Winter" (154) bei den Frauen in den Höhlen; damit ist der Tod Penthesileas (140 ff.) indirekt datiert, der vor dieser Zeit und nach dem Einzug Penthesileas und der Amazonen in Troja „vor drei, vier Jahren" (8) liegen muß (vgl. 134). Am

Beginn dieser Zweijahresspanne sind Kassandras Gefangenschaft im Heldengrab (148 ff.) und der Tod Achills (152) anzusetzen. „Im ersten Winter" (154) schickt Hekabe Polyxena zu den Frauen in den Höhlen; die erzwungene Verbindung Kassandras mit Eurypilos findet „im ersten Frühling" (154) der Zweijahresfrist, also gut ein Jahr vor Kriegsende, statt. Eine weitere, allerdings nicht genau fixierte Zeitangabe betrifft Kassandras Teilnahme am Widerstand der Frauen „in der Mitte des Kriegs" (61) und um Anchises „mitten im Krieg" (110).

Wir können also zunächst festhalten, daß bei der Schilderung des trojanischen Krieges nicht wie in den Geschichtsbüchern das Kriegsgeschehen die Zeit gliedert, sondern daß temporale Fixierungen, soweit überhaupt vorhanden, durch die Biographie Kassandras bestimmt werden.

Während für die Kriegszeit der Erinnerungsprozeß der chronologischen Reihenfolge der Ereignisse folgt, präsentieren sich die Geschehnisse der Vorkriegszeit dem ratlosen Leser völlig ungeordnet, durcheinandergeworfen von den Turbulenzen des erinnernden Bewußtseins unter dem Druck der Todesangst: Kassandras Priesterweihe und ihr Traum vom wolfsgestaltigen Apollon, das Ritual der Tempelprostitution, ihre Begegnung mit dem Kybelekult, ihre Priesterschaft, die Schiffsexpeditionen der Trojaner, die Aussetzung des Knabenopfers durch Panthoos, Kassandras „Anfälle", die Geschichte vom Tod und der Verwandlung des Aisakos, die Rückkehr des totgeglaubten Bruders Paris, Kassandras Besuch bei den Hebammen und bei Arisbe, der Besuch des Menelaos in Troja. Um die zeitliche Abfolge dieser Ereignisse zu klären, seien folgende Überlegungen angestellt:

1. Kassandra bereitet sich auf die Priesterweihe vor, als das 3. Schiff ausgerüstet wird (53); das ist die Zeit, in der der ausgesetzte Paris nach Troja zurückkommt (53 ff.). In der Nacht vor der Priesterweihe erscheint ihr Apollon in Wolfsgestalt (19 f.), in einer der Nächte danach empfängt sie Panthoos (32 f.).

2. Kassandras Teilnahme am Ritual der Tempelprostitution fällt mit dem Eintritt ihrer Pubertät zusammen und liegt nicht mehr als ein Jahr vor der Priesterweihe („im Jahr zuvor, kaum daß ich zum erstenmal geblutet hatte" (20)).

3. Erste und zweite Schiffsexpedition liegen vor der Pubertät; beim Auslaufen des 1. Schiffes sitzt Kassandra „auf dem Arm der

Amme" (38), bei der Vorbereitung des 2. Schiffes wird sie noch von Parthena „Töchterchen", „Kind" (43) genannt, ist noch nicht „erwachsen" (23).

4. Beim Besuch des Menelaos muß Kassandra schon Priesterin sein, Panthoos hört auf, sie „kleine Kassandra" zu nennen und sie nachts zu besuchen (64).

5. Kassandras primärer Anfall (beim Tod des Aisakos) gehört noch in ihre Kindheit (51 f.), ebenso der erste, im Zusammenhang mit der Flucht des Kalchas vom 2. Schiff; der zweite Anfall („Laßt das Schiff nicht fort!" (70)) liegt in der Zeit des Menelaosbesuchs, der dritte („Wir sind verloren" (81)) unmittelbar vor Kriegsbeginn.

Die chronologische (nicht die erinnerte) Geschehensfolge ist, angesichts dieser Zusammenhänge, auf Tafel I (S. 109 dieser Arbeit) dargestellt.

Darf man – so wird sich hier mancher Leser fragen – eine mythologische Erzählung derart handfest und unbekümmert beim Wort nehmen? Ich meine: man kann es versuchen. In unserm Fall rechtfertigt, wie mir scheint, das Ergebnis ein solches Vorgehen.

Bezogen auf die individuelle Entwicklungsgeschichte Kassandras ergeben die chaotisch durcheinandergeworfenen Erinnerungspartikel eine geordnete Sequenz. Anders gesagt: die Reihenfolge der Ereignisse läßt sich aus dem jeweiligen Lebensalter des Kindes und Mädchens Kassandra erschließen. So erfährt sie die frühesten Ereignisse nachträglich durch andere: die Vorgänge um die Geburt und Aussetzung ihres Bruders Paris, die vor ihrer Geburt liegen müssen, erzählt ihr Arisbe (58 ff.); die Begegnung der zweijährigen Zwillinge Kassandra und Helenos mit den Schlangen des Apollon ist Inhalt einer Geschichte, die Hekabe verbreitet hat (29 f.). Erste eigene Erinnerungen Kassandras verbinden sich mit dem Auslaufen des 1. Schiffes, das sie „auf dem Arm der Amme" (38) miterlebt. Das „frühe, sehr frühe Bild" (41 f.) des von Panthoos abgeschafften Knabenopfers sieht Kassandra ebenfalls vom Arm der Amme aus (41 f.); es gehört in die Zeit nach der Rückkehr des 1. Schiffes, mit dem Panthoos nach Troja gekommen ist. Als „Kind" „durch Hektors damals schon mächtige Schenkel" schlüpfend (40) erlebt Kassandra, zwischen erster und zweiter Schiffsexpedition, die Unterhaltungen der Geschwister in den Innenhöfen über das 1. Schiff (39 f.). Ebenfalls als „Kind" läßt sie sich von dem geliebten Halbbruder Aisakos auf den Schultern tragen, beklagt in einem primären Anfall seinen Tod und träumt, sie trage sein Kind aus (51 f.). Die Szene, in der die Eltern, Hekabe auf dem thronartigen Sessel erhöht, Priamos auf dem Hocker daneben, sich über Politik unterhalten, ist ein ihre Kindheit iterativisch durchziehendes Ereignis, „frühestes Bild" (17), aber auch, in den politischen Gesprächen mit dem Vater, der Mädchenzeit angehörend (vgl. 52 f.).

Noch vor der Pubertät liegen die Ausfahrt des 2. Schiffes (42 ff.) und Kassandras erster Anfall, der sich auf die Flucht des Kalchas zu den Griechen bezieht (47 ff.).

Die wichtigste Zeit in Kassandras Leben ist das Jahr zwischen Pubertät und Priesterweihe, in dem sie den Kybelekult – schon im topographischen Abseits – kennenlernt (24 f.), in dem, während sie sich auf die Priesterweihe vorbereitet, das 3. Schiff ausgerüstet wird (53) und ihr verloren geglaubter Bruder Paris zurückkehrt (53 ff.). Auf der Suche nach den näheren Umständen bei der Geburt und Aussetzung des Paris trifft sie auf die drei Hebammen und auf Arisbe (58 f.). Den Besuch des Menelaos, das Königsmahl, Auslaufen und Heimkehr des 3. Schiffes erlebt sie schon als Priesterin.

Wenn wir bei den Ereignissen der Kriegszeit festgestellt haben, daß sie nur in ihrer Beziehung auf das Leben Kassandras zeitlich fixiert werden können – was bedeutete, daß lediglich das erste Kriegjahr bis zu Kassandras Begegnung mit Aineias und die beiden letzten Kriegsjahre, in denen sie sich bei den Frauen in den Höhlen aufhält, als Zeit faßbar werden – so gilt das noch entschiedener für die Ereignisse der Vorkriegszeit: Die Entwicklungsgeschichte Kassandras vom Kleinkind bis zur erwachsenen Priesterin gibt die Ordnung für die turbulent erinnerten und erzählten Geschehnisse.

1.2
Erinnerungsmonolog

Kassandra ist keine Erzählerfigur, die ihren Stoff, die eigene Biographie, sicher im Griff hat und der Reihe nach beherrscht durcherzählt, wie Heinrich Drendorf, der Ich-Erzähler von Stifters *Nachsommer* oder Thomas Manns *Felix Krull*. In ihrem Monolog wird der Prozeß des Erinnerns selbst, mit seinen Präferenzen und Automatismen, seinen Irritationen und Widerständen thematisiert: es ist ein Erzählen, atemlos, im Angesicht des Todes, wo, wie man weiß, „der nahe Tod nochmal das ganze Leben mobilisiert" (77)[3], ein Erzählen, in dessen Sequenzen sich die Angst und das Nichtwahrhabenwollen niederschlagen und in dem bis zuletzt um Einsicht gerungen wird. Erzählt wird nicht nur die Geschichte der Selbstfindung der Kassandra, sondern auch ihrer Erinnerung daran, in deren Prozeß die letzten Schritte der Selbstfindung getan werden.

Wie stellen sich die Ereignisse der Biographie der Kassandra, die wir uns im letzten Kapitel in ihrer tatsächlichen Abfolge verdeutlicht haben, in ihrer Erinnerung nacheinander dar? Ähnlich wie in Christa Wolfs Autobiographie *Kindheitsmuster* teilt das Ereignis des Kriegsbeginns die „Erzählzeit" in zwei fast gleiche Hälften (K 84; KM 152 ff.); in der ersten Hälfte werden, von wenigen Ausnahmen abgesehen (64 f.; 61 f. und die Überfahrt-Passagen), die Ereignisse der Vorkriegszeit erinnert, in der zweiten die der Kriegszeit.

Das Kriegsgeschehen ist, relativ kontinuierlich, nur immer wieder unterbrochen von den Referenzen auf das Jetzt und Hier Kassandras, durcherzählt. Dabei bleibt, wie wir gesehen haben, die zeitliche Binnengliederung des zehnjährigen trojanischen Krieges vage; es werden einzelne Kriegsereignisse berichtet, wie die Landung der Griechen, der Tod des Troilos, Episoden aus der Ilias, Kampf und Tod der Penthesilea, Achills Tod. Dazwischen schieben sich blockartig, gelegentlich szenisch ausgestaltet, aber öfters in größere Zeiträume zusammenfassenden Berichten, also zeitlich nicht genau einzuordnen, Kassandras Erinnerungen an einzelne Personen: Aineias, Helenos, Hektor, Anchises, Polyxena, Eumelos, Panthoos, Penthesilea. Die Ereignisse der Kriegszeit werden also in einer lockeren, aber doch chronologischen Folge erzählt.

Ganz anders die Erinnerungen aus der Vorkriegszeit, die, wie wir gesehen haben, „ungeordnet" ineinander verkeilt sind. Ausgangspunkt ist, nach einer Einleitung, die die Beziehung zu der Griechenlandsreisenden Christa Wolf herstellt, das Jetzt und Hier der todgeweihten Kassandra vor dem Löwentor in Mykene. Ihr Abstieg in die Erinnerungslandschaft vollzieht sich tastend, in

13

Stufen, von denen sie jeweils mehrfach wieder, sich versichernd, in die Gegenwart zurückkehrt (6; 7 f.; 12; 14; 15 ff.; 18).[4] Die erste Stufe ist die unmittelbar zurückliegende Vergangenheit, Kassandras Überfahrt mit den Zwillingen und Marpessa auf dem Schiff Agamemnons (5 f.; 11 f.; 13), die zweite Stufe die davor liegende Zeit des Kriegsendes. Auf dieser Stufe evoziert das erinnernde Bewußtsein Gestalten, denen sich Kassandra besonders verbunden fühlt: Myrine (7–10), Aineias (7 f.), Penthesilea (8 ff.), Hekabe (13). Die Zeitschicht des Kriegsendes wird hier noch nicht verlassen: Einzug und Tod der Penthesilea werden durch ein Gespräch zwischen Kassandra und Myrine in die Zeit kurz vor Trojas Fall geholt. Dann jedoch dringt Kassandra in tiefere Schichten der Erinnerung vor, über die Zeit als Priesterin mit Panthoos (14 f.) zu der iterativisch erzählten Thronszene mit den Eltern (17). Danach werden in zwei großen Blöcken die beiden wichtigsten Ereignisse in Kassandras Entwicklungsgeschichte erinnert: die Priesterweihe mit dem Traum vom wolfsgestaltigen Apollon (18–20) und – „historisch" im Jahr davor (20) – die Tempelprostitution mit dem Traum von dem Schiff, das Aineias wegführt (20–23); es folgt die Szene der Kybelebegehung (24 f.), die zwischen Tempelprostitution und Priesterweihe liegen muß (25: „Wurde Priesterin").

Nachdem diese entscheidenden Ereignisse aus der Adoleszenz berichtet sind, kommt es zu einem jener Zeitdurchbrüche, in denen, an zentralen Punkten der Erzählung, die Virtuosität des erinnernden Bewußtseins sichtbar wird: im Hin und Her zwischen früher Zeit (25), Kriegsende (26), „jetzt", Zukunft (26; 28), Überfahrt (27), Kind, Mädchen, Priesterin (26; 28) wird die Zeit gewissermaßen verflüssigt.

Es folgt eine Passage aus der späten Jugend (28–38), in der Kassandra schon Priesterin ist (28 f.; 32 f.; 34; 38) und in der die Erinnerung an ihr Verhältnis zu einzelnen Gestalten beschworen wird: Panthoos, Hekabe, Polyxena, Helenos. Eingelagert in diese Passage ist die Legende von der Begegnung der Zwillinge Kassandra und Helenos mit den heiligen Tempelschlangen des Apollon (29 f.). Der Geschichtsunterricht, den Anchises der Priesterin Kassandra über das Unternehmen 1. Schiff erteilt, leitet über zu einem geschlossenen Block eigener Erinnerungen Kassandras an ihre Kindheit (38–53); damit ist sie auf dem Grund ihrer Erinnerung angekommen.

Das Auslaufen des 1. Schiffes hat Kassandra selbst als Klein-kind („Meine erste Erinnerung" (38)) „auf dem Arm der Amme" (38) erlebt. Als „Kind" (40) nimmt sie an dem „Gewisper" (41) in den Innenhöfen, den Unterhaltungen der Geschwister über das 1. Schiff teil. Angestoßen durch die Assoziationspartikel „Pan-thoos" und „Schiff", erreicht das erinnernde Bewußtsein von hier aus ein „aus sehr tiefen Tiefen" (41) aufsteigendes, „frühes, sehr frühes Bild, das schwimmt und das ich ... vielleicht einfangen kann" (41), die Szene des von Panthoos verhinderten Knabenop-fers. In der späteren Kindheit („Ich wollte Priesterin werden" (44)), erlebt sie die Ausfahrt des 2. Schiffes und ihren ersten An-fall, als sie von Marpessa erfährt, was Hekabe ihr verschweigen möchte: daß Kalchas freiwillig bei den Griechen geblieben ist (46). Dem Bericht von der schwierigen Rückkehr aus der „Um-nachtung" (47) folgt – am Leitfaden der Begriffe „sehen", „Blind-heit" – ein Zeitdurchbruch: über die Zwischenstationen ‚Marpes-sas Geständnis auf der Überfahrt' (48) und ‚die Augen der Toten im Krieg' (49) kehrt das Bewußtsein in die Gegenwart zurück. In der Konfrontation und im Einvernehmen mit Klytaimnestra sieht Kassandra: „Auch ihr Haus wird untergehn" (50).

Wieder im Bild eines treibenden Schiffes („Als hätt ich einem Schiff, das ruhig lag, die Kette gelöst, unaufhaltsam schwimmt es im Strom, weiter hinunter, zurück" (51)) läßt sich die Erinnerung auf das letzte Erlebnis ein, das aus der Kindheit („Als ich ein Kind war" (51)) berichtet wird: die frühe Geschichte von Kas-sandras Halbbruder Aisakos und von seinem Tod, den Kalchas deutete, als er noch bei den Griechen war, also vor dem Auslau-fen des 2. Schiffes.

Der Name des Aisakos gibt den Anstoß für die „rasend schnelle" „Abfolge der Bilder" (53), anhand derer das erinnernde Bewußtsein aus der Zeit der Kindheit in die der Kriegsvorberei-tungen springt, die Zeit der Priesterweihe der eben erwachsenen Kassandra (53): „Immer leuchten diese Gestalten auf, wie Signale. Priamos, Aisakos, Aineias, Paris. Ja. Paris. Paris und das Unter-nehmen DRITTES SCHIFF" (53). Die auf S. 53 bis 81 erzählten Ereignisse liegen zeitlich nicht weit auseinander und werden rela-tiv kontinuierlich durcherzählt.

Eingelagert in diese Sequenz ist Arisbes Erzählung von der Ge-burt und der Aussetzung des Paris (58–60), eine Episode, die noch vor Kassandras Geburt liegen muß. Gleichzeitig werden, im Vorgriff auf die Kriegszeit, die Zusammenkünfte mit den Frauen am Ida „in der Mitte des Kriegs" (61 f.; vgl. 64 f.) erinnert. Agamemnons Opferung der Iphigenie, von der Kassandra schon Kenntnis hat, als sie Agamemnon beim Großen Markt während des Krieges trifft (62 f.) und über die sie mit ihm auf der Überfahrt spricht (63), wird, in der Kriegszeit, von Arisbe stumm, aber ausdrücklich zu der Aussetzung des Paris in Beziehung gesetzt (64): in dem großen Zeitdurchbruch S. 58–64 werden die beiden folgenschweren Verbrechen – das griechische und das trojanische – miteinander verbunden.

Vom Kriegsgeschehen wird in chronologischer Folge berichtet, unterbrochen nur von kleineren oder größeren Einschüben, die die Gegenwart Kassandras betreffen. Kindheit, Jugend und Überfahrt werden hier nicht mehr erwähnt. Zu den wichtigsten Zeitdurchbrüchen kommt es bei Kriegsbeginn (82 ff.), im Zusammenhang mit dem Symbol der Weidengerte (90 f.; 149 ff.) und bei den letzten Gesprächen Kassandras mit Aineias („die Wiederholung" 135; „Ich bleibe zurück" 160).

Zusammenfassend kann man den Erinnerungsvorgang in *Kassandra* etwa so beschreiben: Von einem relativ schmalen „Ufer" der Gegenwart, zu dem das Bewußtsein zunächst immer wieder zurückkehrt, wird zunächst eine „seichte" tiefere Stufe erreicht –: die Zeit des Kriegsendes. Dann erfolgt – in einer Passage, die die meisten zeitlichen Turbulenzen aufweist – über die zentralen Gestalten der Adoleszenz der Abstieg in die tiefste Schicht, die Kindheit. Die daran sich anschließenden Ereignisse der Jugendzeit stehen alle schon in Beziehung zum Kriegsausbruch. Anhand der in chronologischer Folge erzählten Kriegsereignisse steigt das erinnernde Bewußtsein allmählich wieder bis zum Kriegsende auf. Die Rückkehr in die tödliche Gegenwart ist von äußerster Kürze: „Das Licht erlosch. Erlischt. Sie kommen" (160).

1.3
Feinstruktur des Erinnerungsmonologs

Wir konnten im letzten Kapitel die Bewegungen und Stationen des erinnernden Bewußtseins aus Gründen der Übersichtlichkeit nur in sehr groben Zügen darstellen. Außer acht bleiben mußten insbesondere die zahlreichen Stellen, an denen, oft nur für Augenblicke, in einem Satz, in wenigen Wörtern, die Gegenwart für die Vergangenheit, die Vergangenheit für die Gegenwart durchlässig wird.

Ein Beispiel: Als Kassandra im Heldengrab gefangensitzt, heißt es:

Ich dachte viele Tage nur das eine: Einmal muß es doch vorüber sein. Was denn.
Ich weiß noch: Plötzlich hielt ich ein, saß lange ohne mich zu rühren, von der Einsicht wie vom Blitz getroffen: Das ist der Schmerz. Es war der Schmerz, den ich doch zu kennen glaubte. (150)

Eingelassen in eine präterital ganz aus der Vergangenheit berichtete Passage steht der Satz „Ich weiß noch", in dem das gegenwärtig erinnernde Bewußtsein auf sich selbst reflektiert. Aber der Satz steht nicht isoliert. Er kann verstanden werden als Antwort auf das vorausgehende: „Was denn". Der Satz „Ich weiß noch" gibt dem „Was denn" einen temporalen Doppelsinn: Die Frage kann, anschließend an den vorhergehenden Satz in wörtlicher Rede, in der Vergangenheit, sie kann aber auch, in Konnotation mit dem „Ich weiß noch", aus der Gegenwart gestellt sein. Die Doppeldeutigkeit des „Was denn" hat die Funktion einer Verschleifung, die die Gegenwartsaussage vorbereitet.

Wir wollen, um den Sinn für die sprachlichen Mittel zu schärfen, anhand derer das Bewußtsein sich – in winzigen Schüben ebenso wie in den im letzten Kapitel dargestellten größeren Abschnitten – auf die Vergangenheit einläßt und aus ihr wieder in die Gegenwart zurückkehrt, eine Passage analysieren, in der ständig zwischen Vergangenheit und Gegenwart vermittelt wird (S. 123 Mitte bis 124 Mitte).

Der erste Abschnitt, beginnend mit „Ja, ja, ich sah es", stellt dar, wie Kassandra in der Vergangenheit die Lehren des Anchises verarbeitet.[5] Er endet mit dem Satz: „Und in dem Zwiespalt saß die Angst." Damit ist in der Erinnerung das Wort ausgesprochen, an dem sich das Bewußtsein nun, in ständiger Wiederholung, in die Gegenwart zurücktastet: Angst. „Ich hatte Angst, Aineias." Die Aussage handelt noch von der Vergangenheit, aber indem sie an den (ja noch lebenden) Aineias gerichtet wird, ist sie, wie dieser ganze Abschnitt, in einen präsentischen Bezug gestellt. Der zweite Satz steht im Präteritum; er bezieht sich aber nicht auf ein einmaliges Ereignis der Vergangenheit; das „niemals" gibt ihm einen iterativischen Sinn. Im nächsten Satz löst sich das Bewußtsein aus der präteritalen Schicht: „Die Art von Angst hast du ja nicht gekannt" ist eine die Vergangenheit im Perfekt zusammenfassende, gegenwärtige Anrede an Aineias, das emotionale „ja" gehört eindeutig der Gegenwart Kassandras an; der folgende Satz steht im Präsens. Die Rückkehr ins (immer durch die Anrede an Aineias relativierte) Präteritum geschieht mit denselben verschleifenden Mitteln: „Wie oft hast du gelacht" (Iterativ; Perfekt).

Der Text des nächsten Abschnitts setzt, nach einer Anrede an Aineias, im Präsens ein und schlägt, in einer für die Erzählung *Kassandra* charakteristischen Figur – einem Zeitdurchbruch en miniature – um ins Präteritum desselben Verbs: „Als wäre sie wirklich, sehe ich jeden Zug ihres Gesichts vor mir ... – wieso sah ich das nur." Zweimal wird in den nächsten Sätzen das Reizwort[6] „Angst" („Angstgewißheit") aufgegriffen. In der Emotionalisierung der drei anaphorischen Wie-Sätze und in dem iterativischen „oft" bereitet sich die Rückkehr in die Gegenwart vor: „Mir braucht man nicht zu sagen ... Meine Muskeln sind verhärtet." Im nächsten Satz unvermittelte Rückkehr in die Vergangenheit. Der letzte Satz dieses Abschnitts – eigentlich ein Relativsatz zu „Wirklichkeiten" – gleitet wieder aus der präteritalen Schicht in die gegenwärtige, als ob zwischen ihnen kein Unterschied wäre („einsickerten" ... „erfassen" ... „verleugnen müssen").

Daß Kassandra hier gewissermaßen ambivalent aus Vergangenheit und Gegenwart zugleich spricht, beweist noch einmal der Umschlag am Beginn des folgenden Abschnitts: „Worte. Alles, was ich von jener Erfahrung mitzuteilen suchte, war und ist Umschreibung."

In dem analysierten Text sind die wichtigsten der in der Erzählung *Kassandra* verwendeten Drehpunkte des Zeitebenenwechsels sichtbar geworden:

1. das Assoziationswort („Angst"), das ein Begriff, eine Chiffre, ein Symbol sein kann; im weitesten Sinn ein Thema, wie es den Organisationskern der großen Zeitdurchbrüche bildet.

2. der Tempuswechsel, der im Extremfall die Gestalt des Zeitumschlags (sehe – sah; ist – war) annimmt.

3. die Anrede, die ja immer einen Gegenwartsbezug hat.
4. Zeitadverbien, in denen das erinnernde Bewußtsein aus der Vergangenheit „abhebt".
5. das Perfekt als Übergangstempus, gewissermaßen die Gleitschiene, die Gegenwart und Vergangenheit „stufenlos" miteinander verbindet.

Dazu gebe ich folgende Erläuterungen:

1. Assoziationswörter als „Erinnerungsscharniere" sind immer zentrale Begriffe, wie das „lebendig" in den folgenden Sätzen, die von einem längeren Vergangenheitsbericht zu einer Gegenwartspassage von einer Seite überleiten: „Hekabe ... wurde ... immer mitfühlender, lebendiger. Wie auch ich. Nie war ich lebendiger als in der Stunde meines Todes, jetzt" (26). Vgl. „Schauder" als Assoziationskern einer längeren Präsenspassage 13 f., ebenso „Hochmut" 15 f. „Angst" als Kernwort der Präsenspassage 42 gibt den Anstoß für die „Angstpartie" des 2. Schiffes, vgl. „sehen – Seher" 34 f.

Als Chiffre kann das Wort „Strom" in der Reflexion „Ameisengleich gehn wir in jedes Feuer. Jedes Wasser. Jeden Strom von Blut" (51) gelten, wenn es aufgegriffen und, in einem andern Bild, zum Ausgangspunkt einer ganz frühen Erinnerung gemacht wird: „Als hätt ich einem Schiff, das ruhig lag, die Kette gelöst, unaufhaltsam schwimmt es im Strom, weiter hinunter, zurück" (51); vgl. die erinnerungsauslösende Chiffre „Schiff" (41; 52). Handhaben für das Hinübergleiten von einer Zeitstufe zur andern sind auch symbolische Gegenstände, wie Klytaimnestras Kleiderstoff, den Agamemnon einst auf dem trojanischen Markt erstanden hat (62), oder der Schmuck, den sie trägt und dessen Gegenstück – ein Geschenk Agamemnons – sie an Kassandras Hals sieht (121). Das wichtigste zeitdurchbrechende Symbol ist ohne Zweifel das der Weide (90 f; 149 ff.).

In den großen Zeitdurchbrüchen[7] manifestieren sich die zentralen Themen der Erzählung *Kassandra:* der im Einholen der Erinnerung sichtbar werdende Lebenszusammenhang der Titelfigur 26 ff.[8], das Thema „Seherin" 48 ff. („Das hab ich lange nicht begriffen: daß nicht alle sehen konnten, was ich sah" (50)), die Menschenopferthematik 58–64, „Krieg" 82–84, „Selbstfindung Kassandras" 90 f. und 148 ff. und ihre Ablehnung des von Aineias gewählten Überlebens, der „Wiederholung" 135; 159 f.

2. Es ist sicherlich kein Zufall, daß die „Zeitumschläge en miniature", in denen Präsens und Imperfekt des gleichen Verbs meist übergangslos aufeinandertreffen, sich auf dieselben zentralen Themen beziehen und damit die großen Zeitdurchbrüche gewissermaßen ergänzen. Das wird ganz deutlich z. B. dort, wo Panthoos' Aussetzung des Knabenopfers in den Zusammenhang der Opferthematik gestellt wird: „Dann, in einem der jähen Umschläge, die für unsre öffentlichen Ereignisse bezeichnend sind (waren), der Triumphzug zum Palast, Paris in dessen Mitte. Halt. Glich dieser Zug nicht jenem andern, in dessen Mitte der weiße Opferknabe" (55). In dieser Passage bleibt ungewiß, ob der Fragesatz („Glich ...") und auch schon das „Halt" aus der Vergangenheit oder der Gegenwart Kassandras gedacht ist: der Zeitumschlag „sind (waren)" strahlt auf den Kontext aus, bewirkt temporale Doppeldeutigkeit. Ähnlich in der folgenden Passage zum Thema „Seherin": „denn eine Erfahrung war es, ist es, wenn ich „sehe", „sah": Was in dieser Stunde seinen Ausgang nahm, war unser Untergang" (70): der zweite Satz kann (als Präteritum) der erinnernden oder (als ‚erlebte Rede') der erinnerten Kassandra gehören. Im Zusammenhang des Kriegsbeginns stehen die Zeitumschläge „‚Blickte' ... ‚Blickt'" (85) und „Das Schlimmste kam noch, kommt noch" (86) beim Bericht von der Ermordung des Troilos, der so den Charakter einer vergegenwärtigten Erinnerung erhält.

Daneben kommt diese Form des Zeitumschlags bei den Personen vor, die wie Kassandra die Katastrophe Trojas überlebt haben: Marpessa (57), Aineias (87), Anchises (104).

3. So sind auch die Anreden meist an noch lebende Personen gerichtet, denen sich Kassandra besonders verbunden fühlt: Aineias (47; 88; 119f.; 122; 124; 135; 160) und Marpessa (16; 61; 100; 129). Von den übrigen Personen wird nur Polyxena einer langen Anrede, durch die sie gewissermaßen vergegenwärtigt wird, gewürdigt („Polyxena ..." (30ff.)); auf Vergegenwärtigung deutet in diesem Abschnitt auch die Verwendung des Präsens, des Übergangstempus Perfekt und des Erzähldistanz stiftenden „jetzt".

4. Zeitadverbien wie „damals", „später", „jetzt", „niemals", „allmählich", „kürzlich" oder die iterativischen Adverbien „oft", „immer", „Abend für Abend" fungieren als Scharniere zwischen Ver-

gangenheit und Gegenwart, wie in der folgenden Passage, in der das „damals" den Sprung ins Präsens ermöglicht: „Das konnte ich nicht wissen. Damals war es, ja: damals muß es gewesen sein, daß diese Träume begannen, in denen Aineias mir erschien" (44).

5. Eine besondere Bedeutung als Vermittler zwischen den Zeiten hat das Perfekt. Perfektsätze sind – neben dem Symbol des leeren, emailleschimmernden Himmels über Mykene wie über Troja – die wichtigsten Handhaben für den ersten tastenden Versuch Kassandras, aus der mykenischen Gegenwart in ihre trojanische Vergangenheit vorzudringen: „Etwas in mir entspricht der Himmelsleere über dem feindlichen Land. Noch alles, was mir widerfahren ist, hat in mir seine Entsprechung gefunden … Da von jedem etwas in mir ist, habe ich zu keinem ganz gehört, und noch ihren Haß auf mich hab ich verstanden. Einmal, „früher", ja, das ist das Zauberwort, hab ich in Andeutungen und halben Sätzen mit Myrine darüber sprechen wollen – nicht, um mir Erleichterung zu verschaffen, die gab es nicht" (6 f.). Damit ist das Präteritum einer ersten Erinnerung an Troja erreicht. Ganz ähnlich der Übergang von der Präsenspassage „Wer lebt, wird sehn" zu dem im Präteritum gegebenen Bericht von der Ausfahrt des 2. Schiffes „Sie haben wohl recht, wenn sie sagen, je näher dem Tod, desto leuchtender und näher die Bilder der Kindheit, Jugend. Eine Ewigkeit habe ich sie mir nicht mehr vor Augen geführt. Wie schwer, fast unmöglich, es doch war …" (42).

Durch zahlreiche eingestreute Perfektsätze auf die Erinnerungsgegenwart transparent gemacht ist Kassandras Erzählung vom ersten Kriegstag in den Abschnitten „Krieg durfte er nicht heißen" und „Immer hab ich mich bemüht …" (84 f.).

Ganz allgemein ist das Perfekt Indiz für die aktualisierte Verbindung von Erinnerungsinstanz und Erinnerungsinhalt, vgl. „Das Meer brannte. Dies Traumbild seh ich heute noch, so viele andre, schlimmere Wirklichkeitsbilder sich auch darübergelegt haben" (22). So fungiert das Perfekt auch als Weiche für Übergänge zwischen Zeitstufen innerhalb des Vergangenheitsberichts, vgl. „immer habe ich mir diese Zeiten von Teilblindheit gegönnt" (48); „Ist es wahr, daß ich … dieses Erbleichen später gebraucht habe?" (23)

Vergangenheit – das haben die drei Kapitel zur Zeitstruktur gezeigt – ist in der Erzählung *Kassandra* nichts Abgeschlossenes, sondern Basis und Inhalt des erinnernden Bewußtseins, ohne damit freilich ohne weiteres verfügbar zu sein. Die beschriebenen sprachlichen Mittel, von den Assoziationswörtern und Zeitdurchbrüchen bis zu so unscheinbaren Formen wie dem Perfekt, machen die Erinnerungssubstanz flüssig, so daß das erinnernde Bewußtsein – und mit ihm das des Lesers – zwischen den Zeitschichten hin- und hergleiten oder sie blitzartig miteinander verbinden kann.

2
Der trojanische Krieg

*„Der Krieg ist trotz allem bis
heute etwas nicht Aufgeklärtes
oder nicht genügend Besprochenes"
(KM 160)*

2.1
Der Stoff

Die Sage vom trojanischen Krieg[9], der älteste uns überlieferte
europäische Sagenstoff, berichtet vom zehnjährigen Kampf der
achaischen Griechen gegen die befestigte kleinasiatische Stadt
Troja.

Anlaß für den Krieg ist die Entführung der Helena, der Frau
des Spartanerkönigs Menelaos, durch den trojanischen Königs-
sohn Paris, dem beim sog. „Parisurteil" von der Göttin Aphrodite
der Besitz der schönsten Frau versprochen worden ist.

Vor der Ausfahrt der Griechen opfert Agamemnon, der griechische Heerführer und Bruder des Menelaos, um von Artemis
günstige Winde zu erlangen, auf den Rat des Sehers Kalchas
seine Tochter Iphigenie, was ihm den unversöhnlichen Haß seiner Frau Klytaimnestra zuzieht, die ihn dafür gemeinsam mit ihrem Geliebten Aigisth nach seiner Rückkehr aus Troja ermorden
wird. Bei den Kämpfen tun sich auf griechischer Seite vor allem
die Helden Achill, Diomedes, die beiden Aias und Odysseus, auf
trojanischer die Priamossöhne Hektor und Paris sowie ein Ver-
wandter des Königshauses, Aineias, hervor. Die Schlacht wogt auf
der Ebene von Troja hin und her, wobei, von den Göttern unterstützt, einmal die eine, dann wieder die andere Partei im Vorteil
ist. Der wichtigste Zweikampf ist der zwischen Achill und Hektor, bei dem Achill Hektor, seinen Freund Patroklos rächend, tötet. Er tötet auch die Amazonenfürstin Penthesilea, die mit ihren
kriegerischen Frauen in das Kampfgeschehen eingreift. Aber
auch Achill fällt, einer Weissagung gemäß, vor Troja durch einen
Pfeilschuß des Paris.

Die Eroberung und Zerstörung Trojas gelingt – trotz der war-
nenden Prophezeiungen der Seherin Kassandra und des Sehers
Laokoon – durch eine List der Griechen: Sie segeln zum Schein
von der griechischen Küste ab. In dem hölzernen Pferd, das sie

vor Troja zurücklassen und das die Trojaner in ihre Stadt ziehen, sind die wichtigsten Griechenhelden versteckt, die Troja in ihre Gewalt bringen und zerstören. Menelaos bemächtigt sich der entführten Helena. Die trojanischen Männer, unter ihnen Priamos, werden getötet, die Frauen müssen den Griechen als Sklavinnen folgen, Kassandra dem Agamemnon. Ihre Schwester Polyxena wird auf Achills Grab nach dessen Wunsch getötet.

Nur Aineias, der später Rom gründen wird, entkommt mit einigen Gefolgsleuten und seinem alten Vater Anchises, den er auf dem Rücken trägt.

2.2
Ilias

Die Ilias stellt einen hochorganisierten, aber äußerst knappen Abschnitt aus der Zeit kurz vor Kriegsende dar: die Geschichte vom Zorn des Achill, der sich, weil Agamemnon ihm seine Sklavin Briseis weggenommen hat, weigert, weiter am Kampf teilzunehmen und es dadurch den Trojanern ermöglicht, bis zu den griechischen Schiffen vorzudringen. Erst dann erlaubt Achill seinem Freund Patroklos, in den Kampf einzugreifen, und als Hektor diesen mit der Hilfe Apollons getötet hat, ist Achill bereit, sich mit Agamemnon zu versöhnen, der ihm Briseis zurückgibt. Er schaltet sich wieder in den Kampf ein, nimmt schreckliche Rache für Patroklos und tötet, unterstützt von Athene, Hektor. Er richtet dem Patroklos Leichenspiele aus und schlachtet zwölf trojanische Gefangene für seinen Scheiterhaufen. Er ist bereit, die Bitte des Priamos, der ihn heimlich in seinem Zelt aufsucht, zu erfüllen und die Leiche Hektors zur Bestattung herauszugeben.

Achills Tod, vielfach geweissagt, wird nicht mehr dargestellt, ebensowenig wie sein Kampf mit der Amazone Penthesilea und – natürlich – der Untergang Trojas. Die Gestalt der Kassandra wird in der Ilias nur zweimal kurz erwähnt (13, 366; 24, 699); sie ist dort nicht Seherin.

Charakteristisch für die Ilias ist die intensive Beteiligung der olympischen Götter am Kampfgeschehen. Sie nehmen Partei – Hera, Athene, Poseidon für die Griechen, Apollon, Aphrodite, Ares für die Trojaner –, sie streiten und übervorteilen einander, und sie greifen immer wieder hilfreich und aggressiv in den

Kampf ein. Die Menschen erleben Kampf und Tod als von den Göttern bestimmtes Schicksal, vor dem es kein Entrinnen gibt. Die Ilias ist vorwiegend aus griechischer Sicht geschildert, nur wenige Szenen (z. B. im 6. Buch) spielen in Troja. Christa Wolf hat wichtige Züge der Iliashandlung auf den Seiten 119, 128–132 in ihre Erzählung eingefügt.[10] Dabei weist sie auf die Fragwürdigkeit der von Homer gepriesenen heroischen Tugenden Kampfesmut, agonales Streben, Ehrgefühl hin; sie sieht dahinter Rachsucht, Neid, Feigheit, Egoismus und Habgier.

2.3
Euripides: Troerinnen

Die Tragödie *Troerinnen* (415 v. Chr.) des griechischen Tragikers Euripides ist ein Anti-Kriegsstück, das die Athener vor der risikoreichen sizilischen Expedition warnen sollte, die – zum Unheil für Athen – trotzdem durchgeführt wurde.

Das Stück spielt nach der Eroberung Trojas; die Männer sind gefallen, die trojanischen Frauen warten trauernd und voller Angst auf ihren Abtransport in die Sklaverei. Im Mittelpunkt stehen der Chor namenloser gefangener Trojanerinnen und die Königin Hekabe; ihr begegnen nacheinander Kassandra, Andromache, die Witwe Hektors, und Helena mit Menelaos.

Hekabe erfährt durch den griechischen Boten Talthybios, daß die trojanischen Frauen verlost sind: Kassandra ist dem Agamemnon zugefallen, Andromache dem Sohn des Achill, sie selbst dem Odysseus.

Kassandra tritt als rasende Seherin auf, sie singt den Hochzeitsgesang – angesichts ihrer jungfräulichen Priesterschaft und ihrer erzwungenen Verbindung mit Agamemnon eine tragische Parodie – und weissagt zugleich das Verderben, das mit dieser „Hochzeit" über das Haus des Agamemnon kommen wird: seinen und ihren eigenen Tod und den Muttermord des Orest.

Hekabe erfährt von Andromache, die mit ihrem Sohn Astyanax auftritt, die Ermordung ihrer Tochter Polyxena auf Achills Grab. Astyanax wird von den Griechen getötet.

Helena wehrt sich gegen die Schuldzuweisungen Hekabes und ihres Gatten Menelaos. Mit Hekabes bewegender Klage um den ermordeten Astyanax und dem Brand Trojas endet das Stück.

Die Troerinnentragödie des Euripides ist – obgleich zentrale Geschehnisse wie die Götterhandlung, die Ermordung des Astyanax und die Ereignisse um Helena nicht übernommen werden – in ihrem Tenor der Klage Grundlage für Wolfs Darstellung des Kriegsendes.[11]

2.4
Shakespeare: Troilus und Cressida

Shakespeares *Troilus und Cressida* (um 1602) greift die zum erstenmal im Trojaroman des mittelalterlichen französischen Epikers Benoit de Sainte-More (1165) überlieferte Variante auf, nach der der griechische Priester Kalchas ein trojanischer Überläufer ist, dessen Tochter Cressida (bei Benoit: Briseis) in Troja zurückgeblieben ist, wo sich Priamos' Sohn Troilos in sie verliebt. Shakespeare kannte den Stoff durch Chaucers *Troylus and Chryseyde* (um 1385) und andere Quellen.

Im Mittelpunkt des Geschehens steht die von Cressidas kupplerischem Oheim Pandarus vermittelte Liebesgeschichte zwischen Troilus und der kapriziösen Cressida. Am Morgen nach der Liebesnacht (Akt III und IV) kommen Abgesandte aus dem Griechenlager, um Cressida auf Wunsch ihres Vaters abzuholen. Die Liebenden trennen sich, nachdem sie Treueschwur und Liebespfänder getauscht haben. Cressida wird von den griechischen Heerführern mit Küssen begrüßt, was sie sich nicht ohne Koketterie gefallen läßt. Diomedes bringt sie zum Zelt ihres Vaters, und im V. Akt wird Troilus, als Gast der Griechen, geführt von Ulysses, Zeuge, wie Cressida dem Diomedes sein Liebespfand übergibt und ein Zusammensein mit ihm vereinbart. Das motiviert ihn zum rücksichtslosen Kampf gegen die Griechen.

Parallel zur Liebeshandlung läuft das Kriegsgeschehen ab. Der Ausschnitt aus der Geschichte des Trojanischen Krieges entspricht etwa dem der Ilias (von Achills Weigerung, am Kampf teilzunehmen, bis zu Hektors Tod). Dabei sind die heroischen Wertnormen, vor allem bei den Trojanern, überformt von ritterlichen Tugendbegriffen, die den turnierhaften Zweikampf und Besuche im gegnerischen Lager zulassen. Zugleich wird der ritterliche Normenkodex aber in Frage gestellt und – besonders bei den Griechen – als in Auflösung begriffen gezeigt. So beklagt Ulysses schon in der ersten Szene, die im Griechenlager spielt (I, 3), das Chaos, das aus dem Zerfall der gesellschaftlichen Ordnung und der Ordnung der Werte resultiert. Achill, durch ein Polyxena und Hekuba gegebenes Versprechen gebunden, nimmt nicht am Kampf teil. Erst als die Griechen im Ernst angreifen (Troilus, begierig, den Treuebruch Cressidas zu rächen, tadelt Hektors ritterliche Gewohnheit, besiegte Feinde am Leben zu lassen) und Patroklos durch Hektors Hand gefallen ist, greift Achill zornentbrannt in den Kampf ein und läßt den waffenlosen Hektor durch seine Myrmidonen erschlagen.

Die trojanischen Friedensbemühungen, wie sie sich artikulieren in Hekubas und Polyxenas Vereinbarungen mit Achill, in Cassandras Unglücksprophezeiungen und Priamos' und Helenos' Mahnungen zur Vernunft (II, 2) und in den Versuchen Andromaches und Cassandras, Hektor vom Kampf zurückzuhalten (V, 3), sind in dem Gewirr von Stimmen nur eine Option, die immer wieder übertönt wird. Das wird besonders deutlich in der 2. Szene des II. Aktes, wo die verschiedenen Wertvorstellungen diskutiert und gegeneinander ausgespielt werden, bis Hektors (gegen seine bisherige Argumentation) getroffene Entscheidung für den Ruhm den Ausschlag gibt.

Obwohl Christa Wolf *Troilus und Cressida* nicht unter ihren Quellen nennt, eignet das Stück sich gut zum Vergleich mit *Kassandra,* weil auch in ihm der Umbruch von Wertordnungen im Mittelpunkt steht, und weil die Entscheidung für den Krieg hier wie dort zentrales Thema ist.

2.5
Giraudoux: Der trojanische Krieg findet nicht statt

Giraudoux' *La Guerre de Troie n'aura pas lieu* (1935) spielt in Troja unmittelbar vor dem Beginn des trojanischen Krieges: Paris hat Helena entführt und genießt ihre Liebe als interessantes Abenteuer, Hektor ist mit den trojanischen Truppen kriegsmüde zu Andromache zurückgekehrt, die ein Kind erwartet. In den Gesprächssequenzen (eine eigentliche Handlung fehlt auf weite Strecken) wird immer wieder das Aufeinanderprallen von kriegsentfachenden und kriegsvermeidenden Initiativen demonstriert. Dabei ist Hektor Wortführer der „Pazifisten", der Dichter Demokos Propagandist der Kriegspartei, bis am Ende des Stücks in einer dramatischen Engführung sich die Rollen vertauschen und Hektor zum Täter, Demokos zum Opfer wird. Der Kriegsausbruch wird, gemäß den in II, 12 übermittelten widersprüchlichen Götterbotschaften, als ein schicksalhaft unvermeidliches Ereignis dargestellt; so sagt es schon in der ersten Szene Kassandra voraus. Der erste Akt zeigt, wie Hektor, unmittelbar vor der Ankunft der griechischen Gesandten, unterstützt von Kassandra, Andromache und Hekabe, seine Landsleute, die trojanischen Greise, Priamos und Paris, die sich auf Ehre, Ruhm, Liebe berufen, überreden kann, Helena den Griechen zurückzugeben. In der ersten Hälfte des zweiten Akts werden Handhaben ideologischer Kriegführung demonstriert. Die kurze Szene I, 3 zeigt, wie Demokos das „Idol" Helena wie in einer Momentaufnahme festhält. Sprachmanipulationen sind Thema der Szene II, 4: die Friedenskantate wird in einen Kriegsgesang umgeformt, Demokos möchte den Krieg statt mit einem Medusenhaupt mit dem Antlitz Helenas darstellen, Beschimpfungen und Provokationen werden eingeübt. In II, 5 deutet der „neutrale" Völkerrechtler Busiris die Zeichen, unter denen die griechische Flotte heransegelt, als Verstöße gegen das Völkerrecht und unerträgliche Herausforderungen, bis Hektor ihn zu einer friedlichen Umdeutung zwingt. Andromache dekouvriert in ihrem Dialog mit Helena II, 8 die Liebe zwischen dieser und Paris als „Zufallsabenteuer", als Trugbild, Heuchelei und Lüge.

Die zweite Hälfte des zweiten Akts zeigt die Auseinandersetzungen der Trojaner mit den griechischen Unterhändlern Ajax und Ulysses. Ajax, der kämpferisch und provozierend auftritt, wird von Hektor psychologisch entwaffnet, der sich von ihm beleidigen und ohrfeigen läßt (II, 9), aber zugleich Demokos, der den Ajax attackiert, handgreiflich bestraft (II, 10): angesichts des gemeinsamen Gegners Demokos versöhnt sich Ajax mit Hektor (II, 11). Problematischer ist das große Rededuell Hektors mit Ulysses, der sich, philosophisch, zum Fürsprecher des Schicksals macht und den Krieg als unvermeidlich darstellt; erst als Hektor die Entscheidung für den Krieg akzeptiert und seinerseits aggressiv reagiert, erklärt Ulysses sich zum Versuch bereit, Helena nach Griechenland zurückzuführen und so vielleicht den Krieg zu verhindern (II, 13).

In der dramatischen Schlußszene (II, 14) droht Demokos die mühsam getroffene Vereinbarung zu unterlaufen, indem er Hektor einen Feigling nennt und das Volk zu den Waffen ruft; Hektor läßt sich hinreißen, ihn zu töten; Demokos nennt sterbend Ajax als Täter; darauf wird dieser von den aufgebrachten Trojanern erschlagen: der Krieg ist nicht mehr zu verhindern. Es sind vor allem die Interaktionsmechanismen von Manipulation, Aggression und Provokation, die sich hier zu einer vergleichenden Betrachtung mit Wolfs Erzählung eignen.[12]

2.6
Ranke-Graves: Griechische Mythologie

Christa Wolfs Hauptquelle für ihre Darstellung des Trojanischen Krieges ist die *Griechische Mythologie* des deutsch-englischen Gräzisten und Romanciers Robert von Ranke-Graves. Ein Vergleich mit dieser Quelle gibt Auskunft über Wolfs Umgang mit dem mythologischen Material; er zeigt, was sie vernachlässigt[13], übernimmt[14], verändert oder neu hinzufügt.[15]

Ranke-Graves' Nacherzählung der griechischen Mythologie genügt nicht streng philologischen und historischen Ansprüchen: Er kompiliert sorglos Varianten des Mythos aus den verschiedensten Zeiten (bis zum Mittelalter), belegt seine Texte nur summarisch und gestaltet sie oft erzählerisch aus. Dabei läßt er eine Vorliebe für grausame und abstruse Varianten des Mythos erkennen, wie sie vor allem von spätantiken Mythographen berichtet werden.

Spekulativ – aber aus Wolfs Sicht interessant – ist Ranke-Graves' Annahme matriarchalischer Sozialisationsformen und einer weiblichen Götterwelt („Große Göttin", Mond, Herdfeuer, Dreizahl) für die Frühzeit, die im 2. Jahrtausend durch eine patriarchalische Kultur und Religion abgelöst worden seien. Ranke-Graves sieht die Griechen als Vertreter der patriarchalischen Eroberer, „mörderisch, betrügerisch und schamlos" (RG 163.2; vgl. 162.6), die die friedliche Welt der pax cretensis zerstört hätten.

2.7
Der trojanische Krieg in „Kassandra"

Entstehung und Verlauf des trojanischen Krieges in *Kassandra* lassen sich unter folgenden vier Aspekten betrachten:

2.7.1
Der trojanische Krieg – materialistisch

Als Schriftstellerin, die sich intensiv mit dem Marxismus auseinandergesetzt hat, mußte sich Wolf natürlich mit möglichen ökonomischen Ursachen des Krieges beschäftigen. Bei der ersten Erwähnung des trojanischen Krieges im Reisetagebuch der Frankfurter Vorlesungen erwägt sie, „daß der Kampf der Achaier gegen die Troer ... um Seehandelswege gegangen ist, um den Zugang zum Bosporus, den Troia kontrollierte" (VeE 19, vgl. VeE 93). Der trojanische Krieg also als ‚Eroberungs- und Raubkrieg' (VeE 19; VeE 91) der „vereinigten achaischen Monarchien" (VeE 91), die dabei als die patriarchalischen Aggressoren erscheinen, deren „striktem Eroberungswillen" (VeE 144) die Trojaner nicht gewachsen sind.

In der Erzählung *Kassandra* treten diese materiellen, von Wolf einmal ironisch „realitätsgerecht" (VeE 93) genannten Kriegsursachen stark zurück (Priamos, vor Kriegsbeginn: „Die wollen unser Gold. Und freien Zugang zu den Dardanellen" (83)); sie wären, so Hekabe (49) und Kassandra (83), durch Verhandlungen zu lösen. Problematisch werden sie nur, weil Priamos sie nicht von ideologischen Fragen trennen kann: es geht ihm um „die Ehre unsres Hauses" (83, vgl. 49).

Allerdings sind die Trojaner, je länger der Krieg dauert, desto eher bereit, „das Gesicht des Feindes anzunehmen" (120), sich vom Feind ihr Tun diktieren zu lassen (123). Am Ende haben sie sich das ökonomische Denken so sehr zu eigen gemacht, daß sie bereit sind, ihre Töchter und Schwestern um kriegerischer Vorteile willen zu verkaufen (Polyxena 132; 146 f.; 126 f.; Kassandra 154 f.).

2.7.2
Der trojanische Krieg – autobiographisch

Die Autorin Christa Wolf hat persönliche Erinnerungen an den 2. Weltkrieg, den sie als 10- bis 16jährige miterlebt hat. In dem autobiographischen Roman *Kindheitsmuster* werden sie zu symbolischen Bildern verdichtet. Im 8. Kapitel, „seit langem dazu bestimmt, vom Krieg zu handeln" (KM 154), erscheint die autobiographische Figur der Mutter, Charlotte Jordan, als „Kassandra, hinterm Ladentisch, Kassandra, Brote schichtend, Kassandra, Kartoffeln abwiegend" (KM 154); sie ‚sieht schwarz' (155); sie sagt: „Den Krieg haben wir verloren, das sieht doch ein Blinder mit dem Krückstock" (KM 155; vgl. *Kassandra* 86: „Wer sehen konnte, sah am ersten Tag: Diesen Krieg verlieren wir"); sie wagt es, das nationale Idol zu demontieren: „Ich scheiß auf euern Führer!" (KM 157; vgl. *Kassandra* 81: „Es gibt keine Helena!"). Neben der Autorin Christa Wolf selbst ist die Mutter aus *Kindheitsmuster* die wichtigste autobiographische Referenzfigur für die Gestalt der Kassandra.

Im 8. Kapitel von *Kindheitsmuster* besuchen die Reisenden das Stadion der einstigen Heimatstadt, in dem damals die Reichsjugendwettkämpfe stattgefunden haben: „schreiende, eifrige, verschwitzte Massen, die zu Trupps geordnet und in die Wettkämpfe geschickt werden, gezähmt und gebändigt durch Sekundenbruchteile und Millimeterdifferenzen" (KM 165). Das Stadion, mit „Lager" und „Fremdarbeiterbaracke" (KM 68), „Walter-Flex-Kaserne" (KM 148) und „Truppenübungsplatz" (KM 172) wird in *Kindheitsmuster* immer wieder mit „Krieg" assoziiert (KM 152 f.; KM 171). Alle diese Komponenten autobiographischer Erinnerung scheinen gegenwärtig, wenn in der Erzählung *Kassandra* die kriegsauslösende Gestalt des Paris ins patriarchalische Troja zurückkehrt und im Wettkampf gegen die Brüder antritt: „Er sollte alle Kämpfe gewinnen! Er gewann alle: den Faustkampf, den ersten Lauf, dann den zweiten, zu dem meine neidischen Brüder ihn mehr gezwungen als gebeten hatten" (53 f.). Im Stadion wird die Identität des Paris als Sohn des Priamos festgestellt, und im Stadion ist zum erstenmal die Rede von Eumelos, der sich mit den Wachsoldaten bei der „Abriegelung aller Ausgänge" (54) durch Umsicht und Konsequenz hervortut. Es scheint so, als ob

31

für Christa Wolf das agonale Prinzip, wie es sich in der Konkurrenz-Situation im Stadion manifestiert, fest mit dem Komplex „Kriegsausbruch" verbunden sei.

Wichtigstes Kriegssymbol in *Kindheitsmuster* und in *Kassandra* ist das Schiff:

> Nellys Assoziation zu dem Stichwort „Vorkrieg" würde wohl lauten: Das weiße Schiff... es war sehr schön und bedeutete Krieg (KM 135).

A. Bennholdt-Thomsen hat 1986 in einer eindringlichen Studie die Beziehungen aufgezeigt, die dieses – aus verschiedenen sich überlagernden Eindrücken verdichtete – Erinnerungsbild mit den Schiffen in *Kassandra* (dem Schiff aus Kassandras Aineias-Traum und den drei Schiffsexpeditionen der Trojaner) verbinden.

In unserm Zusammenhang scheint es mir wichtig zu sehen, wie in der Abfolge der drei Schiffsexpeditionen von seiten der Griechen und der Trojaner ähnliche Aktionen nach dem Prinzip der Eskalation aufeinander antworten:

Die Trojaner schicken das 1. Schiff nach Delphi, um die Pythia wegen der trojanischen Befestigung um Rat zu fragen; dem trojanischen Führer Lampos folgt der junge Apollonpriester Panthoos nach Troja –: „freiwillig" (40) oder als „Beutestück" (39)?

Das 2. Schiff wird ausgesandt, um die Schwester des Priamos, Hesione, zurückzuholen, die die Griechen mit sich genommen haben –: als „Königin" und Frau des Spartaners Telamon oder „geraubt", als „Gefangene" (43)? – Hesione wird nicht zurückgebracht, aber der trojanische Priester Kalchas bleibt bei den Griechen –: „als Geisel behalten" (45) oder „auf eignen Wunsch" (46)?

Die 3. Schiffsexpedition wird wieder Hesiones wegen ausgerüstet, aber Paris plant schon vor ihrer Ausfahrt eine Entführung, mit der er den Raub der Hesione zu übertrumpfen gedenkt: „Ich, Paris, bin es, der des Königs Schwester von den Feinden wiederholt. Wenn sie mir aber verweigert wird, findet sich eine andre, schöner als sie. Jünger. Edler. Reicher" (70). Es ist Helena, die Frau des Spartanerkönigs und trojanischen Gastfreunds Menelaos, deren Entführung dann den Krieg unmittelbar zur Folge hat.

Es hat sich gezeigt, daß alle Begebenheiten, die mit den drei Schiffsexpeditionen zusammenhängen, doppeldeutig sind –: sie können harmlos oder als Provokation aufgefaßt werden. Dabei wird jeweils eine wirkliche (oder vermeintliche) Provokation durch eine gleichartige, aber verschärfte beantwortet: das erzwungene (oder freiwillige) Sich-Absetzen des jungen Priesters Panthoos durch die Einbehaltung (oder Flucht) des Staatspriesters und Priamos-Vertrauten Kalchas, die „Entführung" des Mädchens Hesione durch die der Königin Helena.[16] Die Erzählung *Kassandra* verwendet das autobiographische Kriegssymbol und Erinnerungsbild „Schiff", um zu zeigen, wie Handlungen, wenn sie als Aggressionen interpretiert und durch eskalierende Vergeltungsschläge beantwortet werden, zu einer sich immer mehr verschärfenden Konfrontation und schließlich zum Krieg führen.

2.7.3
Der trojanische Krieg – patriarchalisch

Christa Wolf hat in der trojanischen Kultur zur Zeit des Priamos durchaus matriarchalische Überreste gesehen; in ihr sei „die Übergangsform des Prinzessinnenraubs durch den Freier (Paris–Helena), weil nur die Frau dem Manne den Thron übergeben konnte, durchaus noch bekannt" gewesen (VeE 144). Die „Entführung" der Hesione wie der Helena könnte also auch friedlich interpretiert werden. Was in der Auffassung der Übergangszeit ein Brauch, das wird in patriarchalischer Sicht zum Verbrechen, oder, wie Priamos, patriarchalisch argumentierend, sagt: „Ein König, der seine entführte Schwester nicht zurückzugewinnen suche, verliere sein Gesicht" (43). Durch den kulturellen Umbruch bedingte „zwiespältige Gefühle" (43) beherrschen Priamos, als er seine provokative Entscheidung trifft, Hesione zurückzuholen, nach Ranke-Graves „die Hauptursache des Trojanischen Krieges" (RG 158 r; vgl. RG 168. 6).

Unentschieden zwischen matriarchalischer und patriarchalischer Welt steht zunächst auch Paris. Das zeigt sich vor allem an der ambivalenten Deutung, die Wolf dem durch die Tradition vorgegebenen Traum der Hekabe gegeben hat (vgl. S.84f. dieser Arbeit). Sie hat die mögliche matriarchalische Bedeutung der Gestalt des Paris auch dadurch betont, daß er, wie in matriarchalischen Verhältnissen üblich, „ungewisser Herkunft" (67) ist: Sicher ist nur, daß Hekabe seine Mutter ist; Priamos fürchtet in Paris den Rivalen, den „Anwärter auf den Thron des Vaters" (60), auf Grund einer „Weiberintrige" (60). Paris wird durch einen Hirten ausgesetzt. Der klassische ödipale Konflikt wird auf klassische Weise gelöst: indem Paris die väterlichen Normen übernimmt. Seine Rückkehr findet im Zeichen der patriarchalischen Situation des Wettkampfs statt, im „Stadion" (54), das als autobiographisches Symbol auf „Krieg" deutet; Priamos akzeptiert als Vater Paris für die väterliche Welt des Kampfes: „Lieber mag Troia fallen, als daß mein wunderbarer Sohn sterben sollte" (60; vgl. RG 159 a). Und Paris' rivalisierendes Streben nach Ansehen, Macht, Reichtum ist es schließlich, was den Krieg auslöst: sein Wunsch, „die schönste aller Frauen" (69), Helena, zu besitzen, „weil er durch ihren Besitz der erste aller Männer werde" (69).

Wolf hat auf den traditionellen Anlaß für den trojanischen Krieg, das Parisurteil, verzichtet und ihre auch individualpsychologisch den Umbruch von der matriarchalischen zur patriarchalischen Ordnung symbolisierende Gestalt des Paris zum Auslöser für den Krieg gemacht. Damit hat sie die Entstehung des Krieges an jenem Punkt der historischen Entwicklung situiert, an dem, nach Engels' Theorie, Privatbesitz, Konkurrenz und Herrschaftsdenken entstanden sind.

2.7.4
Der trojanische Krieg – ideologisch

„Sprach in Troia irgendein Mensch vom Krieg? Nein. Er wäre bestraft worden. In aller Unschuld und besten Gewissens bereiteten wir ihn vor" (75 f.). „Im Frühjahr, wie erwartet, begann dann der Krieg. Krieg durfte er nicht heißen" (84). Die mit dem Krieg einhergehenden Praktiken der Verschleierung, die diesen erst möglich machen, die Handhaben des ‚Sprachkriegs' (75)[17] werden am Beispiel der Trojaner vorgeführt.

Neben der faktischen („Den Waffenschmieden hab ich schon befohlen, ihre Produktion zu steigern" (78)) gibt es eine geistige Rüstung, die vom Chefideologen Eumelos und seinen Leuten ins Werk gesetzt wird:

> Die Leute des Eumelos waren an der Arbeit. Sie hatten Anhänger unter Palastschreibern und Tempeldienern gewonnen. Auch geistig müßten wir gerüstet sein, wenn der Grieche uns angreife. Die geistige Rüstung bestand in der Schmähung des Feindes (75).[18]

Aus dem „Gastfreund" Menelaos wird der „Kundschafter oder

Provokateur" (65). Worte bedeuten nicht mehr dasselbe, es werden, zu Propagandazwecken, Sprachregelungen getroffen. „Krieg durfte er nicht heißen. Die Sprachregelung lautete, zutreffend: Überfall" (84). Die Palastschreiber „machen nachträglich aus dem halbwegs mißglückten Unternehmen großmäulig das ERSTE SCHIFF" (39); die Bewacher der Kassandra werden vom König „Beschützer" (57 f.) genannt. So wird auch die entscheidende kriegsauslösende Nachricht manipulativ zugerichtet:

Ich war Zeugin, wie im Hin und Her zwischen dem Palast und den Tempelpriestern … eine Nachricht hergestellt wurde, hart, gehämmert, glatt wie eine Lanze: Paris der Troerheld habe auf Geheiß unsrer lieben Göttin Aphrodite Helena, die schönste Frau Griechenlands, den großmäuligen Griechen entführt und so die Demütigung gelöscht, die unserm mächtigen König Priamos einst durch den Raub seiner Schwester angetan worden war. Jubelnd lief das Volk durch die Straßen. Ich sah eine Nachricht zur Wahrheit werden. (76 f.)

Die Scheinhaftigkeit der Kriegsparolen hat Wolf gerade an der Kriegsursache, Helena, symbolisch evident gemacht, indem sie nicht, wie in der Ilias, Helena wirklich nach Troja kommen läßt, sondern eine Variante aufgreift, nach der Helena in Troja nur als „Phantom" (82; vgl. RG 159.1) anwesend ist, „mit dem alleinigen Zweck, einen Kampf hervorzurufen" (RG 159 u), „der Kampf um Troia also um ein Trugbild geführt wurde" (VeE 103).

Die „verschleierte Person", die Paris von Bord des Schiffes führt und die in jedem Zuschauer „das Bild der schönsten Frau" (79) erscheinen läßt, steht eben für die Verschleierung der Wirklichkeit: Ideologie als falsches Bewußtsein. Priamos antwortet auf Kassandras Bemerkung „Ein Krieg, um ein Phantom geführt, kann nur verlorengehn": „Man muß nur trachten, … daß dem Heer der Glaube an das Phantom erhalten bleibt" (82); „Was öffentlich geworden ist, ist auch real" (99).

Die Frage, ob Helena wirklich in Troja ist, wird auch im Verlauf des Krieges zwischen den gegnerischen Parteien nie endgültig geklärt. Bei der trojanischen Gesandtschaft zur Übergabe der Briseis wird nicht deutlich, ob die griechischen Heerführer den wahren Sachverhalt kennen (95). Der Krieg bleibt „auf den Zufall einer Lüge" (100) aufgebaut, und wenn nach Hektors Tod Priamos dem Achill erklärt „Berede Menelaos, daß er auf Helena verzichtet, und du bekommst die Tochter Polyxena" (132), bleibt offen, was „Helena" dabei für ihn selbst und für Achill und Menelaos bedeutet. Daß nicht definiert ist, worum eigentlich gekämpft wird (84; vgl. 98), trägt wesentlich dazu bei, daß die feindlichen Emotionen sich auf beiden Seiten immer mehr verstärken. Das Kriegsgeschehen wird nicht als fortlaufende Handlung dargestellt, sondern als eine Reihung von Gewalttaten der angreifenden Griechen, die von den Trojanern durch kriegsgerechten Zusammenschluß im Innern[19] und durch Vergeltungsschläge[20] beantwortet werden. Die das Ende des Krieges herbeiführende List der Griechen, scheinbar abzuziehen und das „Pferd" vor der Mauer zurückzulassen, wird, als „Betrug", ausdrücklich mit seinem Anlaß, der nur als „Phantom" in Troja anwesenden Helena, in Verbindung gebracht: „Das Ende dieses Krieges war seines Anfangs wert, schmählicher Betrug" (157). Nicht der „Plan der Griechen", sondern der „irre Taumel", der „haltlose Übermut der Troer" (158) wird letztlich für den Fall Trojas verantwortlich gemacht.

3
Matriarchat und Patriarchat

> *„Wie das Kind seine erste Zucht*
> *von der Mutter erhält, ebenso die*
> *Völker von dem Weibe" (Bach-*
> *ofen 94)*

3.1
Bachofen

Johann Jakob Bachofen vertritt in seinem Werk *Das Mutterrecht* (1861) die mythologie- und religionsgeschichtlich begründete These, daß der „Fortschritt von der mütterlichen zu der väterlichen Auffassung des Menschen ... den wichtigsten Wendepunkt in der Geschichte des Geschlechtsverhältnisses" (47) bildet.

Bachofen nimmt im wesentlichen drei Stufen an: die eines regellosen Hetairismus mit Promiskuität und beliebiger Vaterschaft (34; 194) (Sumpfleben), die einer ebenfalls noch stofflich mütterlichen, aber ehelich geordneten „demetrischen" Gynaikokratie mit weiblicher Erbfolge (21; 93) (Ackerbau) und die einer geistigen, durch das Prinzip familialer Abgeschlossenheit geregelten Paternität (29; 48 ff.).

Dabei ist dem Hetairismus die Erde, der Gynaikokratie der Mond und der Paternität die Sonne zugeordnet (10; 54; 129). Dem ägyptisch-asiatischen Mutterkult einer Isis und Kybele (57) steht die Geistigkeit des griechischen Gottes Apollon (49), dem Prinzip der Nacht das des Tages gegenüber (10; 49; 141).

„Die gynaikokratische Weltperiode ist in der Tat die Poesie der Geschichte" (17). Ihr sieht Bachofen zwei Entartungsformen des Weiblichen gegenüberstehen, die der Gynaikokratie sowohl vorausgehen als auch sich aus ihr entwickeln können: der schon erwähnte Hetairismus, in dessen regelloser Promiskuität Bachofen eine Entwürdigung der Frau sieht, und das Amazonentum kriegerischer Frauen.

Beide Entartungsformen des Weiblichen bedingen einander (42). In der wehrhaft-strengen, amazonischen Übersteigerung der Gynaikokratie sieht Bachofen die Möglichkeit der „Verwilderung" (38). So kann Amazonentum in Hetairismus übergehen.

Umgekehrt kann die Erniedrigung der Frau im Hetairismus wieder zu wehrhaftem Amazonentum führen, weil „eine solche Steigerung der weiblichen Macht … stets eine vorausgegangene Entwürdigung der Frau voraussetze" (42).

Bachofens Beurteilung des Übergangs von der Gynaikokratie zur Paternität ist zwiespältig. Er kann einerseits seine Sympathie für das unter dem Mutterrecht herrschende „Prinzip allgemeiner Freiheit und Gleichheit" (13), die „Abwesenheit innerer Zwietracht, Abneigung gegen Unfrieden" (14), den „Zug milder Humanität" (14), die „Gerechtigkeit" und „Besonnenheit" (152) nicht verleugnen: „Der höhern physischen Kraft des Mannes setzt die Frau den mächtigen Einfluß ihrer religiösen Weihe, dem Prinzip der Gewalt das des Friedens, blutiger Feindschaft das der Versöhnung, dem Haß die Liebe entgegen" (20).

Andererseits feiert er die Überwindung des Mutterrechts durch das Vaterrecht als den Sieg „höhern menschlichen und staatlichen Zustandes" (153), „einer höhern religiösen Entwicklung der Menschheit" (160): „Dort stoffliche Gebundenheit, hier geistige Entwicklung; dort unbewußte Gesetzmäßigkeit, hier Individualismus; dort Hingabe an die Natur, hier Erhebung über dieselbe" (49) – auch wenn er sich darüber klar ist, daß an die Stelle friedlichen Ausgleichs kämpferisches Streben (49) tritt und daß „Macht und Gewalt das Ziel und die Grundlage" (152) des vor allem von den Griechen etablierten Staates sind.

3.2
Engels

1884 veröffentlichte Friedrich Engels ein Werk, in dem er anhand von Thesen zur Vor- und Frühgeschichte gegen die Unterdrückung der Frau Partei ergriff: *Der Ursprung der Familie, des Privateigentums und des Staats*. Engels folgt in vielen Punkten den Thesen Bachofens[21], aber er begründet sie nicht aus der Symbolik und Religionsgeschichte, sondern materialistisch:

> Bachofens höchst bedeutende Entdeckungen werden überall bis ins Unglaubliche vermystifiziert durch seine Einbildung, die geschichtlich entstandenen Beziehungen von Mann und Weib hätten ihre Quelle in den jedesmaligen religiösen Vorstellungen der Menschen, nicht in ihren wirklichen Lebensverhältnissen (42).

Engels nimmt im wesentlichen vier Stufen vor- und frühgeschichtlicher Entwicklung an:
1. die primitive Stufe einer wahllosen Promiskuität, die etwa der von Bachofens „Sumpfleben" entspricht,
2. verschiedene Formen der „Gruppenehe" (Gens, Clan), anfänglich noch mit erlaubter Verbindung zwischen Geschwistern,
3. die mütterlich dominierte „Paarungsehe", die etwa der geregelten Gynaikokratie Bachofens entspricht, und
4. die Monogamie, mit der am Beginn der Zivilisation der entscheidende Schritt vom Mutterrecht zum Vaterrecht getan wird.
Alle mutterrechtlichen Verbände gründen auf „kommunistischer Gesamthaushaltung" (50; vgl. 60; 88), d.h. „Herrschaft der Weiber im Hause" (60); vererbt wird, „bei Unmöglichkeit, einen leiblichen Vater mit Gewißheit zu kennen" (60), in weiblicher Linie innerhalb der Gens. Mit dem Aufkommen männlichen Privatbesitzes an Vieh und Sklaven – so argumentiert Engels materialistisch – ergab sich erst die Notwendigkeit der monogamen Einzelehe: „Sie ist gegründet auf die Herrschaft des Mannes, mit dem ausdrücklichen Zweck der Erzeugung von Kindern mit unbestrittener Vaterschaft, und diese Vaterschaft wird erfordert, weil diese Kinder dereinst als Leibeserben in das väterliche Vermögen eintreten sollen" (75). Damit wird der Mann Herr im Hause: „Der Umsturz des Mutterrechts war die weltgeschichtliche Niederlage des weiblichen Geschlechts. Der Mann ergriff das Steuer auch im Hause, die Frau wurde entwürdigt, geknechtet, Sklavin seiner Lust und bloßes Werkzeug der Kinderzeugung" (70).

Engels findet in der „Heroenzeit" – also der Zeit des Trojanischen Krieges – „die Frau bereits erniedrigt durch die Vorherrschaft des Mannes und die Konkurrenz von Sklavinnen ... Die erbeuteten jungen Weiber verfallen bei Homer der Sinnenlust der Sieger; die Befehlshaber wählen sich der Reihe und Rangordnung nach die schönsten aus; die ganze „Ilias" dreht sich bekanntlich um den Streit zwischen Achilleus und Agamemnon wegen einer solchen Sklavin" (75). Engels verweist an dieser Stelle auf Kassandra, die als Kriegsgefangene Agamemnon folgen muß, und auf Hesione, die von Telamon aus Troja entführt wurde –: zwei Schlüsselfiguren von Wolfs Erzählung.

Christa Wolf kann sich also, wenn sie ihre Erzählung in der

39

„Heroenzeit" ansiedelt, auf Engels berufen, der für diese Zeit die Entstehung des Privatbesitzes und, damit unmittelbar zusammenhängend, die Herrschaft des Mannes in der Einzelehe postuliert: „Sie war die erste Familienform, die nicht auf natürliche, sondern auf ökonomische Bedingungen gegründet war, nämlich auf den Sieg des Privateigentums über das ursprüngliche naturwüchsige Gemeineigentum" (78).

Menschliche Beziehungen werden durch ökonomische Zwänge überlagert: „Wie die früher so leicht zu erlangenden Gattinnen jetzt einen Tauschwert bekommen hatten und gekauft wurden, so geschah es mit den Arbeitskräften" (67).

Engels versteht unter Hetärismus nicht wie Bachofen die willkürliche Promiskuität der Frühzeit, sondern diese Preisgebung der Frau, als gewerbsmäßige Prostitution, dem Korrelat der Lohnarbeit (80) und indem sie – in der Konvenienzehe – „ihren Leib ... ein für allemal in die Sklaverei verkauft" (85).

Der erste Klassengegensatz, der in der Geschichte auftritt, fällt zusammen mit der Entwicklung des Antagonismus von Mann und Weib in der Einzelehe und die erste Klassenunterdrückung mit der des weiblichen Geschlechts durch das männliche (79).
Die moderne Einzelfamilie ist gegründet auf die offene oder verhüllte Haussklaverei der Frau ... Der Mann ... ist in der Familie der Bourgeois, die Frau repräsentiert das Proletariat (88).

Damit hat Engels den Zusammenhang von Besitz und Herrschaft als Grundprinzip der Zivilisation von ihrer Entstehung in der Zeit des Trojanischen Krieges bis zu seiner eigenen Zeit herausgestellt. Alle übrigen Charakteristika der Zivilisation, die Engels vor allem im letzten Kapitel seiner Studie, „Barbarei und Zivilisation", behandelt – Arbeitsteilung (190), Warenproduktion (188) und Handel (191; 201), Sklaverei (203), Hierarchie (199), Konkurrenz (197) –, lassen sich aus diesen Prinzipien ableiten.

Zusammen mit der Zivilisation entstehen befestigte Städte (187)[22], wie sie die im Streit um Besitz aufkommenden Raubkriege (189) zur Verteidigung nötig machen. An die Stelle von Gentilgenossenschaften, die durch Bande der Blutsverwandtschaft (196) zusammengehalten werden, tritt die Organisationsform des Staates mit zentraler Verwaltung (129), in dem die öffentliche Gewalt (197) die besitzende Klasse vor der nichtbesitzenden schützt:

Die Zusammenfassung der zivilisierten Gesellschaft ist der Staat, der in allen mustergültigen Perioden ausnahmslos der Staat der herrschenden Klasse ist und in allen Fällen wesentlich Maschine zur Niederhaltung der unterdrückten, ausgebeuteten Klasse bleibt (203).

3.3
Mumford

In seinem kulturphilosophischen Werk *Mythos der Maschine* (zuerst 1964–1966), das Wolf ebenfalls als Quelle nennt, sieht Lewis Mumford den Übergang von der Vor- zur Frühgeschichte vor allem durch die Herausbildung von zivilisatorischen Groß-Systemen bestimmt, die nach seiner Auffassung in ihrer Ambivalenz von Konstruktivität und Destruktivität bis heute die Geschichte der Zivilisation prägen.

Er nimmt für die Vorgeschichte eine Stufe der „neolithischen Dorfkultur" (186) an, eine Ackerbau- und Handwerkskultur (Weben, Tischlern, Töpfern (192)), charakterisiert durch Dominanz der Frauen (176 f.) und das Fehlen einer Ranghierarchie außer der natürlichen des Alters (189).

Mit der Entstehung der Hochkulturen in Ägypten und Mesopotamien seien diese naturwüchsigen, friedlichen (250), „im Einklang mit allen lebensbildenden Kräften" (190) stehenden kleinteiligen Sozialgebilde abgelöst worden von einer in der Tendenz monumentalen, zentralistisch und rational funktionierenden Stadtkultur, für die Mumford immer wieder das Bild der Pyramide oder der Zitadelle (265) gebraucht. Kennzeichen dieser Gesellschaftsform ist ihr hierarchischer Aufbau:

Die Sozialpyramide, die im Pyramidenzeitalter in Ägypten und in Mesopotamien entstanden war, blieb weiterhin das Modell für jede zivilisierte Gesellschaft… An der Spitze stand eine von Stolz und Macht aufgeblähte Minderheit, angeführt vom König und seinen Ministern, Adeligen, Kriegsherren und Priestern. Die gesellschaftliche Hauptaufgabe dieser Minderheit bestand in der Kontrolle der Megamaschine, in ihrer konstruktiven wie in ihrer destruktiven Form (246).

Die „Megamaschine", die zivilisatorische Gesamtstruktur, setzt sich für Mumford aus einzelnen Komponenten zusammen (219): Die wichtigste dieser Komponenten, die zugleich ihren autoritären, zentralistischen Charakter prägt, ist die Militärmaschine, die auf dem unbedingten Funktionieren von Befehl und mechanischem Gehorsam, Zwang und Unterwerfung, auf einer alle Bereiche erfassenden Kontrolle beruht.

Die Militärmaschine wird unterstützt von einer bürokratischen Maschine, einem Apparat von Beamten, die für die Aufzeichnung und Verteilung von Vorräten und, als „Schreiber", für die Formulierung und Weitergabe von Befehlen, für die Manipulation (223) der untergeordneten Ränge zuständig sind.

Die Organisation der Priester monopolisiert das Ritual, insbesondere den Totenkult mit seinen erstarrten Zeremonien. Die Arbeitsmaschine schließlich repräsentiert die Funktionalität des Systems, seine Effizienz, um den Preis der Zerstückelung, der Reduktion des „ganzen Menschen" auf seine Stelle im System. An der Spitze der Megamaschine steht der König, als gottähnlicher Herrscher mit absoluter Macht ausgestattet, aber ständig in Gefahr, den Kontakt mit der Realität zu verlieren:

> Die diesem Machtsystem innewohnende Schwäche zeigt sich in der Tatsache, daß die Könige, hoch über allen anderen Menschen thronend, ständig betrogen, umschmeichelt und mit falschen Informationen versehen wurden – eifrig abgeschirmt vor jeder störenden korrektiven „Rückkopplung" (259).

An der Gestalt der Könige wird das Umschlagen von rationaler Effizienz in Irrationalität am deutlichsten sichtbar, vor allem, wenn es um die in Kriegen freiwerdende „destruktive Spontaneität" (259) geht.

Mumford sieht in den frühgeschichtlichen Hierarchien Keimzellen und Modelle moderner zivilisatorischer Systeme, der Verwaltungsbürokratien, Militärapparate und Wirtschaftsorganisationen, in denen er, in größerem Maßstab, die gleiche Machtstruktur, Arbeitsteilung, Effizienz, aber auch mögliche Irrationalität erkennt.

3.4
Christa Wolf über das Patriarchat und die Frauen

Im Anschluß an Engels, Mumford, Fromm, beeinflußt auch von der Geschichtsphilosophie der Frankfurter Schule, sieht Wolf die Geschichte der abendländischen Zivilisation, die in den modernen Industriegesellschaften gipfelt, von patriarchalischen Strukturen und Wertvorstellungen geprägt. Als ihre wichtigsten Kennzeichen nennt sie:

1. Besitz:

In dem Gespräch „Ursprünge des Erzählens" vom Herbst 1983 heißt es: „Das Patriarchat ist zusammen mit der Klassengesellschaft entstanden, zusammen mit dem Eigentum an Produktionsmitteln" (DA 924), und in den Frankfurter Vorlesungen wird gefragt: „War denn ... mit dem Übergang matriarchalisch strukturierter, wenig effektiver Gruppen zu patriarchalischen, ökonomisch effektiveren, der Grund für die weitere Entwicklung gelegt? ... Liegt in der Jagd nach Produkten, immer mehr Produkten, die Wurzel der Destruktivität?" (VeE 107 f.).

2. Hierarchie:

Das Besitzdenken führt zu einer hierarchisch strukturierten Klassengesellschaft (VeE 147), in der die Männer, „in rigorose Arbeitsteilung gezwungen, in rigide Hierarchien eingebaut, auf gefühlsfernes, „sachliches" Denken und Verhalten dressiert, sich selbst verlieren müssen" (DA 449; vgl. VeE 112).

3. Konkurrenz, Leistung, Effizienz:

Diese hierarchischen Systeme basieren auf dem Prinzip von „Konkurrenz und Leistung" (VeE 122; vgl. DA 859), „Unterordnungs- und Leistungszwang" (DA 205), dem „Entfremdungssyndrom der Industriegesellschaften, die sich mit ihrem Mehr! Schneller! Genauer! Effektiver! alle anderen Werte untergeordnet ... haben" (DA 448). Sie sind aus auf „Nützlichkeit, Verwertbarkeit, die Verwandlung aller Verhältnisse in Tauschwerte" (DA 532; vgl. DA 208), Effizienz (DA 451) und vermeintliche Rationalität (DA 208), verstrickt in das „lange gefährliche Experiment mit der abstrakten Rationalität, das im instrumentalen Denken endete" (VeE 122; vgl. DA 922; 605).

4. Gigantismus:

Diese Systeme, für die Wolf das Bild einer „Festung" (DA 615), einer „Pyramide" (VeE 112; DA 449) verwendet, sind gefährlich, weil sie nicht überschaubar sind: „Die Bürokratie, die sich aus dem Zusammenschluß von Massen zu großen Apparaten entwickle, treffe unweigerlich „unmenschliche" Entscheidungen" ... weil die „Privatmoral ausgeschaltet ist zugunsten der Gesetze der Apparate" (VeE 98). Wolf nennt als Haupttendenzen der modernen Industriegesellschaft „Gigantismus, übertriebene Kompliziertheit, Kapitalintensität und Gewalt" (VeE 98). In der „Mega-Maschine" verkehrt sich Rationalität in „zerstörerische Irrationalität" (VeE 123; vgl. VeE 106; 119; DA 517; 619; 862; 906). Wo das „Konkurrenz- und Leistungsdenken" in den „patriarchalischen Strukturen des Denkens und Regierens" zu „exzessiven Rüstungsanstrengungen" führt (VeE 122), kann nur noch ihre Wahnhaftigkeit konstatiert werden (VeE 84; 87; 97; 115; DA 208; 450).

5. Herrschaftsdenken:

In einem Brief von 1981 erklärt Christa Wolf, „daß unsre Kultur ... das, was sie „Fortschritt" nennt, nur durch Gewalt erzielen konnte, durch Unterdrückung im Innern, durch Vernichtung und Ausplünderung fremder Kulturen" (DA 451); es wird „kolonisiert" (DA 735; VeE 153); die Menschen werden zum Objekt gemacht (VeE 114; 129; 144; DA 448). Wolf vergleicht die Frauen als Angehörige einer „zweiten Kultur" (VeE 115) mit unterprivilegierten Völkern, die „Kolonialisierung andrer Völker und Erdteile" mit der „Kolonialisierung der Frau durch den Mann" (VeE 117f.; vgl. DA 735). Im Zusammenhang mit ihrer Erzählung *Kassandra* spricht Wolf von der „Erfahrung, daß in der heutigen Zivilisation jede Frau, wenn sie versucht, in den gegebenen Institutionen tätig zu werden, zum Objekt gemacht wird" (DA 903).

Ohne Zweifel vertritt Wolf mit solchen, zum großen Teil aus Veröffentlichungen der 80er Jahre stammenden Äußerungen über patriarchalische Strukturen eine zivilisationskritische Haltung, wie sie etwa derjenigen von Erich Fromm in *Haben oder Sein* entspricht. Diese Position, obgleich in ihrem Kern marxistisch, ist doch traditionell aufklärerischen Werten wie Fortschritt, Rationalität, Leistung, instrumentalem Denken gegenüber skeptisch: sie werden in sozialistischen ebenso wie in kapitalistischen Systemen wahrgenommen und kritisiert.

Beide, östliche wie westliche Industriegesellschaften sind „hierarchisch gegliedert" (DA 858) und „patriarchalisch" (DA 910). Wolf weist immer wieder darauf hin, daß die Gleichberechtigung der Frauen – juristisch und in der Arbeitswelt – in den sozialistischen Ländern weiter fortgeschritten ist als im Kapitalismus. Aber dies verschärft nur das Problem: „Die Möglichkeit, die unsere Gesellschaft ihnen gab: zu tun, was die Männer tun, haben sie ... zu der Frage gebracht: Was tun die Männer überhaupt? Und will ich das eigentlich?" (DA 206; vgl. 859 f.); „Sollen Frauen es sich überhaupt wünschen, ... in jene hierarchisch funktionierenden Apparate eingegliedert zu werden?" (DA 207; vgl. 449; 848).

Nähert sich Wolf hier einer feministischen Position? Dazu ist zunächst zu sagen, daß jeder Biologismus ihr fern liegt (DA 876; vgl. 925). Sie sieht das Problem historisch: die modernen Industriegesellschaften werden von Männern dominiert, die aber eher als die Opfer der patriarchalischen Wertnormen erscheinen, die sich in Jahrhunderten herausgebildet haben: „Männer wurden durch die Arbeitsteilung und gleichzeitig durch die patriarchalische Struktur der bürgerlichen Gesellschaft mehr als anderthalb Jahrhunderte in die Anpassung, in die Selbstunterdrückung getrieben. So haben sie die Werte, die ihnen die Industriegesellschaft aufgedrückt hat, voll verinnerlicht" (DA 876). Frauen haben sich, nach Meinung Wolfs, eine größere „Empfindsamkeit ... Spontaneität und eine andere, menschlichere Wertskala" (DA 845) bewahrt. Damit gelte es, die herrschenden Strukturen und Wertvorstellungen gleichsam zu unterlaufen. Wolf lehnt den militanten, sektiererischen „Weiblichkeitswahn" (DA 925) ebenso ab wie eine von Teilen der Frauenbewegung propagierte „Idealisierung vorrationaler Menschheitsetappen" (VeE 115; vgl. DA 459). Sie tritt ein für die Emanzipation von Männern und Frauen (vgl. DA 205); es gilt, „anzuerkennen, daß sie unterschiedliche Bedürfnisse haben und daß nicht der Mann das Modell für den Menschen ist, sondern Mann und Frau" (DA 800). Für Männer und Frauen sieht Wolf „neue Formen des Zusammenlebens ..., ganz andere Qualitäten als den Kampf um Dominanz, um das Überholen des Partners" (DA 845).

3.5
Männliches und weibliches Prinzip in „Kassandra"

Wie wir gesehen haben, kann sich Wolf auf die geschichtsphilo-
sophischen Spekulationen des späten Engels berufen, wenn sie
für die Zeit des Trojanischen Krieges den Übergang vom Matriarchat zum Patriarchat annimmt. Dabei sieht sie in den Achaiern
das bereits voll ausgebildete Patriarchat verkörpert, und zwar dessen aggressiven, räuberischen und sadistischen Aspekt. In den
Trojanern hat sie nicht nur die Opfer dieses Aggressionsstrebens
(VeE 144), sondern den Übergang von matriarchalischen zu patriarchalischen Formen (ebd.) und, in dem sich herausbildenden
hierarchischen Staatsgebäude, den zivilisatorischen Aspekt des
Patriarchats dargestellt.

3.5.1
Patriarchat und Aggression: die Griechen

Die griechischen Heroen sind bei Wolf Räuber und Sadisten:
„die vereinigten achaischen Monarchien, deren Reichtum sich ...
auf Eroberung und Raub gründete" (VeE 91). Sie sind die Aggressoren, deren „ausgesuchte Grausamkeit im Kampf" (13) die
Kehrseite von Angst (12; 38), Schwäche (13; 63) und Unsicherheit (121) sind.[23] Das gilt für den griechischen Heerführer Agamemnon, aber ebenso für ihren traditionell wichtigsten Heroen,
Achill. Die heldischen Tugenden Tapferkeit, Selbstbewußtsein,
agonales Streben sind bei ihm gewissermaßen nur Fassade, hinter
der sich Feigheit und Ichschwäche verbergen: „Im Kampf ein
Unhold, damit jeder sah, daß er nicht feige war, wußte er nichts
mit sich anzufangen nach der Schlacht" (97).
    Die Taten Achills sind nicht „Aristien", sondern Lustmorde.
Wenn Achill den Knaben Troilos in sexueller Begierde tötet (87),
wenn er die Leiche der von ihm getöteten Penthesilea schändet
(140), wenn er die von ihm begehrte Polyxena auf seinem Grab
hinzurichten befiehlt, sind alle diese Taten Ausdruck einer Begierde, die sich ihres Gegenstands so vollständig bemächtigt, daß
sie ihn dabei auslöscht. Diese Nekrophilie, von der es in der
Büchnerpreisrede heißt: „daß Leonce ... nicht lieben, daß er nur
noch Totes lieben kann" (DA 620; vgl. VeE 124; DA 616; 664),
ist die letzte Konsequenz des „Objektmachens": „Die Männer,

schwach, zu Siegern hochgeputscht, brauchen, um sich überhaupt noch zu empfinden, uns als Opfer" (140); das wird vor allem am Umgang der Griechen mit ihren Sklavinnen (Briseis, Killa, später die gefangenen Troerinnen) deutlich gemacht. „Ich sah: Er legte seine Hand auf sie, wie man es bei einer Sklavin tut" (96), heißt es von Diomedes und Briseis. Weil Achill Polyxena wie ein Objekt oder eine Ware ansieht, kann er auch auf den Gedanken kommen, sie – gegen Hektors Leiche (131), gegen einen Haufen Gold (132), gegen den Plan des Griechenlagers (126 f.) – zu tauschen.

So wird Achill, für Homer und die abendländische Tradition das Idealbild des Helden schlechthin, bei Christa Wolf zum negativen Helden, oder vielmehr: das Heroische selbst wird zum Negativum. Aus dem „göttergleichen Achill" Homers wird, in hartnäckiger Wiederholung, „Achill das Vieh" (68; 86; 87; 88; 93; 98; 126; 127; 131; 132; 139; 145; 152; 159).[24]

Kassandra spricht immer wieder mit äußerster Emphase über ihren Haß gegen Achill (12; 93; 98; 146). Hier wäre zu diskutieren, ob sie damit ihrerseits ein Feindbild errichtet, oder ob sie in ihrer Ablehnung des Heroentums auch den Widerstand gegen ein – aggressives, zerstörerisches – Prinzip in ihr selbst artikuliert: „,Achill das Vieh' sagt sich um so vieles leichter als dies Wir" (139).

3.5.2
Patriarchat und Zivilisation: die trojanische Zitadelle.

„Lernen durch das Leid' ..., der Weg des männlichen Denkens ..., das
die Mutter Natur nicht lieben, sondern durchschauen will, um sie zu
beherrschen und das erstaunliche Gebäude einer naturfernen Geistes-
welt zu errichten, aus der Frauen von nun an ausgeschlossen sind ...
Kulturgewinn durch Naturverlust" (VeE 75 f.).

In dieser Reflexion, die Christa Wolf im April 1980 auf ihrer
Griechenlandreise angesichts des Atridenpalasts in Mykene über
ein Wort aus dem aischyleischen *Agamemnon* anstellt, steckt ein
topographischer Entwurf, wie er wenige Monate später, in der
Büchnerpreisrede vom September 1980, entfaltet wird. Dort zitiert Wolf Büchners Danton: „‚ich werde mich in die Zitadelle
der Vernunft zurückziehen'" und fährt fort:

Wo bleiben Rosetta, Marie, Marion, Lena, Julie, Lucile? Außerhalb der
Zitadelle, selbstverständlich. Ungeschützt im Vorfeld. Kein Denk-Ge-
bäude nimmt sie auf. Man macht sie glauben, anders als auf diese Art –
verschanzt! – könne kein Mensch vernünftig denken; dazu geht die
Ausbildung, aber auch die rechte Lust ihnen ab. Von unten, von außen
blicken sie auf die angestrengte Geistestätigkeit des Mannes, die, je
länger, je mehr, darauf gerichtet ist, seine Festung durch Messungen,
Berechnungen, ausgeklügelte Zahlen- und Plansysteme abzusichern.
Die sich in der eisigsten Abstraktion wohlfühlt und deren letzte
Wahrheit die Formel wird. Wie könnte Rosetta argwöhnen, daß es Be-
rührungsangst ist, wenn er sich der Fülle der Wirklichkeit entzieht;
daß seine Gebrechlichkeit und die Furcht, ihrer gewahr zu werden, ihn
in seine wahnwitzigen Systeme hineintreibt" (DA 615 f.).

Die Entstehung von zivilisatorischen Systemen, wie sie in den
Arbeiten von Engels oder Mumford mit der Heraufkunft des Patriarchats gleichgesetzt wird, ist hier in ein räumliches Modell
übergeführt. Einer weiblichen Welt der Natur und der Landschaft
wird als Symbol männlich-abstrakten, zivilisatorischen Denkens
das Gebäude, die Festung, die Zitadelle gegenübergestellt. Damit
ist die Grundstruktur des topographischen Modells Troja gegeben: die „steinerne Palast- und Stadtwelt" (58) auf der einen, die
„Neben-, ja Gegenwelt" (58) der „Berge und Wälder" (64), der
Höhlen (24; 142; 153; 156) auf der anderen Seite.
Betrachten wir zunächst die zivilisatorische Welt, wie sie in
Palast und Zitadelle symbolisiert ist. Wenn die Griechen den

aggressiven und sadistischen Aspekt des Patriarchats verkörpern, so die trojanische Festung den von Herrschaft und Unterwerfung, Organisation, System, Hierarchie. Wolf hat diesen Systemaspekt der Stadt Troja zum erstenmal in einer Tagebuchaufzeichnung vom 10. August 1980 ins Auge gefaßt:

> Eine Stadt mit Palast, Zitadelle, Handwerker-, Händler-, Schreiberhäusern. Mit Tempeln, heiligen Bezirken. Mit einer Mauer um das Ganze. ... Ein Stadtstaat mit einem Herrscherhaus, das für göttlich gelten mochte, mit Edelleuten (einer aristokratischen Oberschicht, häufig wohl verwandt mit dem Königshaus), mit Beamten, Heerführern, mit Handwerkern, ... mit Priestern und Priesterinnen, wahrscheinlich mit Großgrundbesitzern, kleinen Bauern, die anderer Herkunft sein mögen als die Oberschicht, mit Verwaltungsangestellten auf allen Ebenen der Hierarchie, mit der Masse der arbeitenden Bevölkerung ... Mit Sklaven (VeE 89).

In der Erzählung *Kassandra* wird gezeigt, wie dieses System, insbesondere seine militärische und bürokratische Seite, während der Kriegsvorbereitungen und des Krieges und in Wechselwirkung mit ihnen entsteht, wie es immer rigider und starrer wird und allmählich realitätsverleugnende und wahnhafte Züge annimmt.

Ausgebaut und zusammengehalten wird das System von Eumelos und seiner Palastwache, die zuerst bei der Rückkehr des Paris (54) und beim Besuch des Menelaos (65 f.) in Erscheinung tritt, die dann immer mehr Macht an sich reißt und alle Schlüsselpositionen besetzt (76; 79; 98 f.; 101; 107; 116; 119; 136). Die Militärorganisation wird unterstützt durch eine Verwaltungsbürokratie, Beamte (66; 92; 119), Tempeldiener (75), Tempelpriester (76), Palastschreiber (75), die schon die Schiffsexpeditionen des Vorkriegs propagandistisch verklären (39; 43), dann zu Anhängern des Eumelos werden (75; 98) und wie die Sänger (118) und Barden (110) seinen Leuten ‚die Redensarten liefern‘ (110). Durch diesen militärischen und paramilitärischen Apparat verändert sich „die innere Ordnung des Palastes" (110), so daß die Zustände „von einem andern Zentrum aus, ein andres Übergewicht" (114) bekommen und Troja einer „Geisterstadt" gleicht (100). Dabei wird das Wort „Palast" häufiger für die alte, schon städtische, aber noch stärker traditionellen Werten verpflichtete Ordnung (z. B. 33; 38; 46; 56; 58 u. ö.), „Zitadelle", vor allem gegen Ende der Erzählung, für die Festung Troja und das hierarchisch-militärische Herrschaftssystem verwendet (56; 110; 119; 122; 129; 133; 153).

Beeinflußt von Lewis Mumfords *Mythos der Maschine*, hat Christa Wolf in dem patriarchalischen Staatswesen, zu dem die trojanische Zitadelle sich durch Eumelos und seine Leute entwikkelt, mit dem brüchigen, starren (118), verfallenen (145) König Priamos an der Spitze („Unwirklicheres hatte ich nie gesehn" (157)), ein Modell zivilisatorischer Systeme auch der eigenen Zeit geschaffen:

> Zu Priamos' Zeiten, da die Einheiten kleiner waren, die diese Könige regierten ..., war vielleicht ihre Abschirmung vom normalen Alltagsleben nicht so total wie die heutiger Politiker, die ... die Menschen nicht kennen, die sie da der Vernichtung preisgeben; die von Anlage oder Training her die eisige Atmosphäre an der Spitze der Pyramide ertragen ... Das vielfach gefilterte, auf ihre Zwecke hin konstruierte und abstrahierte Bild von Realität, das diesen Politikern zugeschoben wird. Ist es eine „realistische" Aufgabe, das hierarchisch-männliche Realitätsprinzip außer Kraft zu setzen ...? (VeE 112)

3.5.3
Das alte Matriarchat

Nahezu alle Episoden, die aus der Vorkriegszeit berichtet werden, enthalten Anspielungen auf alte matriarchalische Verhältnisse und Gebräuche, wie Wolf sie in ihren Quellen finden konnte.

Kassandras frühestes Erinnerungsbild zeigt eine matriarchalisch thronende „Mutter ..., die, häufig schwanger, in ihrem Megaron saß, auf ihrem hölzernen Lehnstuhl, der einem Thron sehr ähnlich sah und an den der König sich, liebenswürdig lächelnd, einen Hocker heranzog" (17).

In dem „aus sehr tiefen Tiefen" (41) aufsteigenden Bild vom Knabenopfer wird auf die These von der „Funktion des Heros in matriarchalischen Gesellschaften" (VeE 138; vgl. VeE 67; 70; 118) angespielt, nach der jährlich ein Geliebter der Königin, an dessen Stelle später ein Knabe, geopfert wurde (vgl. RG 14 f.; 17). Das Menschenopfer ist hier Teil eines matriarchalischen Kults. Es wird von dem zivilisierten Griechen Panthoos durch ein Tieropfer ersetzt.

Der Halbbruder Kassandras, Aisakos, lebt ‚matrilokal' außerhalb des Palastes in der dunklen (58; vgl. VeE 99) Hütte seiner

Mutter Arisbe, der früheren Frau des Priamos (51 f.; vgl. RG 158 m n). In diesem Bereich wohnen auch, in „höhlenartigen Behausungen" (55), die drei Hebammen, die „drei uralten Mütter" (56; vgl. VeE 133).

Wichtigster Überrest der matriarchalischen Welt sind die beiden Szenen kollektiver weiblicher Ekstase, in denen „das Ungeschiedne, Ungestaltete, der Urgrund" (142) aufbricht: die Kybelebegehung (24 f.) und die Totenklage um Penthesilea (141 f.); diese Szenen spielen außerhalb der Palastwelt und ihrer hierarchischen Ordnung, die in ihnen aufgelöst oder ins Gegenteil verkehrt erscheint. Beim Kybelekult gibt die Amme Parthena „vor dem Eingang der Höhle unter der Weide" (24) den Takt an, die Ankunft der Königstochter Kassandra wird nicht einmal bemerkt. Der Leichenzug Penthesileas („Sie legten Penthesilea unter eine Weide" (141)) rast „zu keinem Ort, den es auf Erden gibt; dem Wahnsinn zu" (141).

Kassandra reagiert auf die Kybele-Begehung mit Schrecken und Flucht; bei der Totenklage spürt sie eine „heftige Versuchung", „auch mich selber aufzugeben und aus der Zeit zu gehn" (141). In den Worten von Büchners Rosetta „Meine Füße gingen lieber aus der Zeit" (141), die Wolf zum Leitmotiv ihrer Büchnerpreisrede gemacht hat (DA 615; 617; 621), wird die dort beschworene weibliche Selbstentfremdung in der patriarchalischen Welt in die Szene eingebracht. Aber es bleibt bei der Versuchung zur Selbstaufgabe. Vor dem Exzeß der Zerfleischung des Panthoos[25] wendet sich Kassandra mit Abscheu und Grauen ab.

3.5.4
Die Frau unter den Bedingungen des Patriarchats

„mit ihrem Eintritt in die Zitadelle unterliegt sie auch deren Gesetzen" (DA 619).

Christa Wolf hat vor allem an drei Gestalten Möglichkeiten weiblichen Verhaltens in der patriarchalischen Welt aufgezeigt: an Polyxena, Penthesilea und an Kassandra.

Polyxena (vgl. S. 66 ff. dieser Arbeit) läßt sich, mit „Lust an Selbstzerstörung" (131), zum Objekt männlicher Zwecke und Herrschaftsansprüche machen. Sie bietet sich Achill als Tauschobjekt und Lockvogel an, sie gibt sich dem von ihr verachteten Andron hin. Damit erniedrigt sie sich selbst zur Ware und gibt ein Beispiel für die Preisgebung und Sklaverei der Frau unter den Bedingungen des Patriarchats, wie sie Engels als „Hetärismus" noch in der bürgerlichen Gesellschaft des ausgehenden 19. Jahrhunderts beschreibt (Engels 80).

Anders die Amazone Penthesilea, die, mit männlichen Waffen ausgerüstet, „die ausweglose Linie des Matriarchats verkörpert" (VeE 118). Sie will „lieber kämpfend sterben, als versklavt sein" (136). In der kämpferischen Übersteigerung des Weiblichen liegt, wie Bachofen gezeigt hatte (Bachofen 38; 306) und wie Wolf in ihrem Nachwort zu Kleists Penthesilea ausführt (DA 671; 674f.), ein Moment des Orgiastisch-Wilden, Wahnsinnigen, das in der Erzählung Kassandra in der „Todessucht" (138) der Penthesilea und in dem Exzeß der rasenden Frauen nach ihrem Tod zum Ausdruck kommt.

Wolf zeigt an dieser Gestalt, „wohin Weiblichkeitswahn sich verirren kann" (DA 925). In ihrem Fanatismus bleibt Penthesilea, als Konkurrentin, ebenso den patriarchalischen Wertvorstellungen verhaftet wie Polyxena, die sich als Objekt gebrauchen läßt.

Auch Kassandra stellt, als Lieblingstochter und Priesterin, diese Werte zunächst nicht in Frage, sondern fügt sich in die herrschenden Institutionen ein. Aber sie lebt entfremdet und im Zwiespalt. Symbolischer Ausdruck ihrer Situation ist ihr Aufenthalt im „Heldengrab", dem durch die Chiffren des Weiblichen (Weide, Höhle) gebildeten Gefängnis, in dem sie sich aus der Verstrickung in den patriarchalischen Komplex lösen kann.

3.5.5
Die Welt der Höhlen am Skamander –:
eine „real existierende Utopie"?

Sie erfährt bis auf den Grund, was es heißt, zum Objekt fremder Zwecke gemacht zu werden. Zunehmend entzieht sie sich dann dem Dienst an den Ihren, der sozialen Maschinerie, in die sie eingebaut ist, und pflegt Umgang mit solchen, die – sei es durch Zwang, sei es freiwillig – auch draußen stehn wie sie (VeE 118; vgl. VeE 96).

– so eine Tagebuchnotiz Wolfs über Kassandra vom 16. Juni 1981. Zwei Wochen später greift sie das Thema wieder auf – jetzt als aktuelles:

Neulich ein Wissenschaftler im Fernsehen, der davon sprach, wie viele Menschen sich allenthalben den destruktiven Strukturen der Institutionen entzögen; da sei doch eine Hoffnung (VeE 119).

Als Modell einer konkreten Hoffnung[26], nicht einer Zukunftsvision, sondern einer genutzten Chance, hier und jetzt, „mitten im Krieg" (62), im Angesicht von Vernichtung und Tod wirklich zu leben, ist die Gemeinschaft am Skamander konzipiert: „Es gibt Zeitenlöcher. Dies ist so eines, hier und jetzt" (144). „Zwischen Töten und Sterben ist ein Drittes: Leben" (138).

In dieser alternativen Gesellschaft, deren Ort und Möglichkeit in der heutigen Welt zu diskutieren wäre, fehlt, was Engels, Mumford, Fromm und andere als Kennzeichen des Patriarchalischen beschrieben haben.

Ihre Mitglieder leben außerhalb der zivilisatorischen Welt der Zitadelle in der Natur (153; vgl. 55; 58; 64; 138), die durch das Symbol der Höhle als weibliche Welt gekennzeichnet ist. Sie sind „sozial und ethnisch heterogen" (VeE 96)[27], ‚ungebunden‘ (153; vgl. 130) und besitzlos („Wir lebten selber arm" (153)). Arbeit, eine Art von kollektiver Produktivität, dient den unmittelbaren Lebensbedürfnissen, aber auch dem gegenseitigen Kennenlernen und der Kommunikation mit der Nachwelt. Anchises schnitzt aus Holz Figuren, die als Zeichen der Erkennung und Hoffnung dienen, Kassandra formt Tongefäße, die sie mit dem Muster ihres Traums, dem Zeichen für das „lächelnde Lebendige" (125; vgl. S. 92 f. dieser Arbeit) bemalt.

Vorgestellt ist eine Gemeinschaft ohne Hierarchie und Herrschaft, aber durchaus mit Autoritäten und Lehrern (Anchises, Arisbe), ohne Konkurrenz, aber mit Meinungsverschiedenheiten, „Streit" (143; 156), ein Leben ohne Entfremdung („Also gingen wir, spielerisch ... auf die Hauptsache zu, auf uns" (154)), mit Beziehungen ohne Neid und Aggression, die als „Berühren" und „Kennenlernen" (154) beschrieben werden. In dem Maxie Wander gewidmeten Aufsatz *Berührung* spricht Wolf im gleichen Sinn vom „Geist der real existierenden Utopie", vom „Vorgefühl ... einer Gemeinschaft, deren Gesetze Anteilnahme, Selbstachtung, Vertrauen und Freundlichkeit wären. Merkmale von Schwesterlichkeit" (DA 196 f.).

Unter dem Aspekt des Themas „Matriarchat und Patriarchat" stellt sich die trojanische Geschichte, wie sie in Christa Wolfs Erzählung vorgestellt ist, als eine Sequenz mit dialektischer Struktur dar: das ursprüngliche Matriarchat wird, nach einem Stadium des Umbruchs, abgelöst durch ein patriarchalisches System. Angesichts der tödlichen Konsequenzen, auf die dieses System zutreibt, entsteht – angesiedelt in der gebrechlichen Gegenwart – als das „Dritte", die Gemeinschaft am Skamander als Modell einer „konkreten Hoffnung".

Diese Sequenz kann, wie aktualisierende Bemerkungen in den Frankfurter Vorlesungen zeigen, auch menschheitsgeschichtlich gedacht werden: auf eine (nach Engels: matriarchalische) Epoche des Urkommunismus folgt die (patriarchalische) der Staatenbildung und Zivilisation. Da sie in der Demonstration von Macht und Besitz, in Rüstungswettlauf, Kolonialismus und Selbstzerstörung gipfelt, bleibt als Ausweg nur die „real existierende Utopie": „Ein Menschentyp ist da entstanden, ähnlich oder gleich in Ost und West, eine schmale Hoffnung" (VeE 112).

4
Figuren und Beziehungen

4.1
Priamos

„Der es nicht ganz genau nahm mit der Wirklichkeit" (17)

Priamos stellt sich für Kassandra stets gleichzeitig als Vater und als König dar; wiederholt spricht sie von „König Priamos der Vater". Er ist für sie der Mensch, „den ich als Kind über alle Menschen liebte" (17), und bis zuletzt nennt sie sich „Priamostochter" (13). Wie tief die Bindung an den Vater geht, verdeutlicht Kassandras „frühestes Bild", die Thronszene. Sie darf auf Priamos' Schoß sitzen, „die Hand in seiner Schulterbeuge" (17), und ebendiese Stelle ist es später, die sie an Aineias am meisten liebt (17).

In den Kindheitserinnerungen Kassandras erscheint der Vater als derjenige, der sie braucht (15), der gesprächsbereit ist und sie ernst nimmt (52), mit dem sie sich so stark verbunden weiß, daß dessen Gefühle sich auf sie selbst übertragen (43; 45). Die Warnung der Mutter, Kassandra solle zusehen, daß sie nicht zu tief in ihres Vaters Seele krieche (49), verdeutlicht die enge affektive Beziehung zu Priamos und damit zum patriarchalischen Komplex.

Eine erste Störung erfährt diese Beziehung, als Kassandra entdeckt, daß sie bewacht wird. Sie läuft zum Vater, will sich beschweren, stößt „auf den König, die Maske" (57), erfährt Ablehnung. Der kurze Vorgang wird nicht kommentiert. Wenig später aber, nachdem sie die beiden Deutungen des Traumes der mit Paris schwangeren Hekabe von Arisbe erfahren hat (59), und daraufhin meint, sich nun doch an den Vater wenden zu müssen, schleichen sich erste Zweifel ein an der bisher nicht weiter hinterfragten Vater-Tochter-Beziehung, als sie bemerkt, daß Priamos seine Unsicherheit hinter Geschäftigkeit zu verbergen sucht. „Zum erstenmal kam mir der Gedanke, die Vertraulichkeit zwischen uns beruhe, wie so oft zwischen Männern und Frauen darauf, daß ich ihn kannte und er mich nicht. Er kannte sein Wunschbild von mir, das hatte stillzuhalten" (60). Gleichsam zur Überprüfung der Richtigkeit dieses Gedankens schleudert sie Priamos Arisbes Namen ins Gesicht, und seine aufgebrachte Reaktion bestätigt ihre Vermutung. Die „Weiberintrige" vor Paris'

Geburt, durch die Priamos seinen Thron gefährdet glaubte, und die bewußte Zuwendung der um die Dinge nicht wissenden Kassandra zu ihrem im Palast von Ablehnung und Abscheu umgebenen Vater (60) bilden die Basis für Priamos' besondere Bindung an diese Tochter. Die unschuldsvolle Verhaltensweise des Kindes wird von ihm gedeutet als Parteinahme, nicht nur für seine Person, auch für seine Sache, die des Patriarchats. Jede mit diesem Bild nicht übereinstimmende Verhaltensweise Kassandras wird deshalb von ihm immer als Vater und als König zugleich beurteilt, d. h. auf politischer Ebene als Angriff auf den Staat, auf privater Ebene als Verletzung seiner Gefühle für die Tochter. Dies wird sehr deutlich, als er, nachdem Kassandra im Rat nach dem Tod des Troilos gefordert hat, den Krieg zu endigen (88), sie anbrüllt – „wie ihn nie einer brüllen hörte" (89) –, sie beschuldigt, für die Feinde zu sprechen, um mit dem Verdikt zu schließen: „Hinaus mit der Person. Sie ist mein Kind nicht mehr" (89), was von Kassandra später geradezu als Liebesbeweis gedeutet wird.[28]

Ein zweites Mal wirft Priamos Kassandra hinaus, als sie bei ihm vorstellig wird, weil Briseis in Troja öffentlich als Verräterin bezeichnet wird (99). Seinen Argumenten vermag sie nicht zu folgen, setzt ihre Vorstellungen gegen seine, so daß das Bild von der Tochter ins Wanken gerät. Der Hinauswurf dient Priamos hier sozusagen als Notbremse. Nicht mehr zu retten allerdings vermag er am Ende des Krieges seine Vorstellung von der Tochter, als Kassandra sich trotz eindringlichster Ermahnungen im Rat weigert, dem Plan der Falle für Achill mit Polyxena als Lockvogel zuzustimmen, und auch nicht bereit ist, über die Angelegenheit Schweigen zu bewahren (147 f.). Es ist aufschlußreich, daß Priamos zuerst Maximalforderungen stellt[29], diese dann aber zurückschraubt auf ein Minimum – das Versprechen zu schweigen –, als er auf den Widerstand der Tochter stößt. Dies läßt sich deuten als der letzte Versuch von „König Priamos dem Vater", die Tochter und gleichzeitig das eigene Bild von ihr zu retten. Das endgültige „Nein" Kassandras zwingt ihn dann dazu, sich einzugestehen, daß Vorstellung und Wirklichkeit nicht mehr zur Deckung zu bringen sind, was Christa Wolf mit dem knappen Satz verdeutlicht: „Der König sagte: ‚Nehmt sie fest'" (148).

Kennzeichnen diese Zusammenstöße zwischen Kassandra und

Priamos einerseits die unaufhaltsame Zerstörung des Wunschbildes, das der Vater von der Tochter hat, so sind sie andererseits auch Etappen auf dem Wege der Tochter – vom Palast zu den Höhlen am Skamander: Während das Erfahren der Dinge um Paris' Geburt dazu führt, daß Kassandra den Schluß zieht, sie müsse, nachdem man sie so getäuscht habe, fortan mehr wissen als die anderen und auch darum Priesterin werden (61), was die feste Einbindung in das bestehende System bedeutet, verdeutlichen ihr Rat nach dem Tod des Troilos und ihr Unverständnis gegenüber der offiziellen Version von Briseis' Übertritt zu den Griechen ihre wachsende Entfremdung von der herrschenden Ordnung, von der sie sich schließlich mit ihrem ‚Nein' zu dem Plan der Falle für Achill endgültig löst.

Während das spezifische Vater-Tochter-Verhältnis, von Priamos' Seite aus betrachtet, sich eher durch das Wie des Arrangements der Aussagen erschließt, findet sich in dem Erinnerungsmonolog eine Fülle von direkten Aussagen, die Priamos als Herrscher in Troja plastisch werden lassen.

Kassandra charakterisiert ihn als jemanden, „der es nicht ganz genau nahm mit der Wirklichkeit. Der in Phantasiewelten leben konnte; nicht ganz scharf die Bedingungen ins Auge faßte, die seinen Staat zusammenhielten, auch die nicht, die ihn bedrohten", und sie folgert: „Das machte ihn nicht zum idealen König, doch war er der Mann der idealen Königin, das gab ihm Sonderrechte" (17). Dies bezieht sich zwar unmittelbar auf die Kindheit Kassandras, doch bleibt offen, ob es für sie nicht auch später noch Gültigkeit hat. Für Hekabe dagegen stellt sich Priamos auf staatspolitischer Ebene dar als ein Mensch, der alles will. „Und alles gleichzeitig" (49), was die staatskluge Königin selbstverständlich mißbilligt. Während des Gastmahles für Menelaos, bei dem deutlich die neuen Gruppierungen im Palast sichtbar werden, scheint Priamos es allen recht machen zu wollen (66), und als das junge Paar Briseis und Troilos durch die Machenschaften des Eumelos in Troja angefeindet wird, findet Priamos nur die Worte „schlimm, schlimm" (75). Diese unentschiedene Position des Sowohl-als-auch findet ihren entschiedensten Ausdruck in Priamos' Traum von den zwei Drachen, den Kassandra ihm ungebeten auslegt als einen inneren Widerstreit, durch den er sich selbst lähme (78).

Zwar widersetzt Priamos sich im Kriege der staatspolitisch geboten erscheinenden Altersänderung des toten Troilos (89 f.) und erlaubt wenig später Briseis, die Einwände des Eumelos zurückweisend, zu ihrem Vater zurückzukehren (94) – ins Lager der Griechen, doch fällt er beide Entscheidungen nicht auf Grund staatspolitischer Überlegungen, sondern aus ethischen Gründen. Im Falle des Troilos beruft er sich auf die Heiligkeit der Toten (90), im Falle von Briseis auf die Blutsbande, die bedeutender seien als die Bande des Staates (94). Hier wie dort findet sein aus den alten geistigen Traditionen erwachsendes Handeln Kassandras volle Zustimmung. Auffallend ist auch, daß sie eine Charaktereigenschaft von Priamos, nämlich Schwierigkeiten persönlich zu nehmen, im Gegensatz zu allen anderen im Palast nicht als Schwäche, sondern als Stärke nimmt (51). Hier eröffnet sich ein weites Feld der Diskussion: Welche Implikationen enthält der Begriff Blutsbande, welche die Eigenschaft, alle Dinge persönlich zu nehmen? Welche Folgen kann ein so bestimmtes Verhalten zeitigen, im privaten wie im öffentlichen Bereich?

Im Laufe des Krieges mit seiner fortgesetzten Eskalation, mit dem wachsenden Einfluß des Eumelos und mit der zunehmenden Scheinhaftigkeit des Lebens in Troja wird Priamos immer weiter von den Ereignissen weg in eine Position bloßer Repräsentation gedrängt, was allein schon durch die offizielle Namensgebung verdeutlicht wird.

Er läßt sich nach dem Raub der Helena „Unser mächtiger König" (77) nennen, später gar, als der Krieg für Troja immer aussichtsloser wird, „Unser allermächtigster König" (77). Er verliert den Kontakt zu den Vorgängen der Realität, ist nicht mehr ansprechbar (100), sitzt starr bei den großen Feiern in der Halle und lauscht den Gesängen, die ihn preisen (118), wird „brüchig" (118), dann „bar jeden Königtums" zu einem ‚kranken Greis' (132), schließlich zu einem verfallenen Mann (145), um dann – ganz am Ende des Krieges – nur noch die „Gestalt des Königs" (157) zu sein.

Der unaufhaltsam fortschreitende Verfall des Priamos erfolgt schubweise und parallel zur Eskalation des Krieges. Die Eigendynamik, die jedes Geschehen, einmal eingeleitet, entwickelt, macht Priamos zu einem Teil einer Maschinerie, deren Gang er nicht mehr zu kontrollieren vermag und um derentwillen er sich wiederholt dem zu beugen hat, was man „Sachzwänge" zu nennen sich gewöhnt hat: Polyxena wird dem Achill ausgeliefert, Kassandra zur Ehe mit dem Verbündeten Eurypilos gezwungen.[30] Priamos allein als Objekt eines unpersönlichen Geschehens anzusehen, wäre allerdings irrig. Er ist auch Subjekt. Indem er erklärt, „um der Ehre unseres Hauses" willen (83) müsse an der Fiktion festgehalten werden, Helena sei in Troja, und indem er erläutert, es gehe darum, „ohne Gesichtsverlust" (82; vgl. 110) aus der Angelegenheit herauszukommen, verschiebt er ein Sachproblem auf die emotionale Ebene und löst damit eine Kettenreaktion aus, die mit dem Untergang Trojas endet. Zwar ist Priamos durchaus klar, daß es den Griechen nicht um Helena, sondern um Gold und freien Zugang zu den Dardanellen geht (82 f.), doch ist er nicht bereit, um diese Dinge zu verhandeln, weil sie „unveräußerliches Eigentum und Recht" (81) seien – wiederum die Verschiebung eines Sachproblems auf die emotionale Ebene. So wird der Krieg um ein Phantom geführt, an dem, damit das bestehende System aufrechterhalten werden kann, um so intensiver festgehalten werden muß, je aussichtsloser der Kampf wird. „In Helena, die wir erfanden, verteidigten wir alles, was wir nicht mehr hatten. Was wir aber, je mehr es schwand, für um so wirklicher erklären mußten" (100).

An Priamos und an Troja wird also nicht nur verdeutlicht, wie der Mensch zum Objekt gemacht wird, sondern auch, wie der Systemzwang hierarchisch-patriarchalischer Gebilde bis zum Irrationalen gehen und destruktive Kraft entfalten kann. An anderer Stelle konkretisiert Christa Wolf diesen Problemkomplex:

Es scheint mir, daß die beiden Systeme [gemeint sind das östliche und das westliche System] zunächst zu einem Übereinkommen über Abrüstung kommen müssen … Aber auf die Dauer produzieren diese Strukturen immer wieder Kriegsgefahren … Deshalb ist *Kassandra* ein Versuch, diese Vorgänge auf eine Formel zu bringen. Das ist, was ich mit Modell meine: bestimmte Formen einer Vorkriegssituation – das heißt, wie die innere und äußere Situation ein Land, eine Stadt, ein Königreich zum Krieg reif macht – zu beschreiben (Documentation 114).

Und in den *Voraussetzungen einer Erzählung* referiert sie die Überzeugung eines Wirtschaftsfunktionärs,

... ‚daß die Staaten und ihre Wirtschaft nur nach den Maßstäben von Konkurrenz- und Leistungsdenken regiert werden können', und fügt hinzu: Mich wundert es doch, daß nicht einmal die Einsicht in die Unlösbarkeit lebenswichtiger Probleme diese Menschen dazu bringt, über den Zusammenhang z. B. der exzessiven Rüstungsanstrengungen auf allen Seiten mit den patriarchalischen Strukturen des Denkens und Regierens zu reflektieren (VeE 122).

So läßt sich also die Figur des Priamos wie die der Hekabe auf zwei Ebenen analysieren. Liest man die Erzählung *Kassandra* als Entwicklungsgeschichte der Titelfigur, so steht das Vater-Tochter-Verhältnis im Mittelpunkt, liest man sie als ‚politische Erzählung', dann erscheinen Priamos und Troja als ein Modell des patriarchalischen Systemen innewohnenden Aberwitzes.

4.2
Hekabe   *„Dann ist es ja gut" (25)*

Zu dem Bild der trojanischen Königin Hekabe in Christa Wolfs Erzählung tragen drei Überlieferungsstränge bei: In der abendländischen Tradition, die vor allem an die euripideischen Tragödien *Troerinnen* und *Hekabe* anknüpft, ist Hekabe die tief gestürzte trojanische Königin, die nach Trojas Fall um den erschlagenen Gatten, die im Kampf gefallenen Söhne, die in die Sklaverei verschleppten Töchter trauert und die die Griechen verflucht, die ihr Leid verursacht haben.

Daneben steht, in einer mehr apokryphen Überlieferung, die Wolf bei Ranke-Graves finden konnte, die Gleichsetzung Hekabes mit der Unterweltsgöttin Hekate, die Wolf aufgreift, wenn sie in den Frankfurter Vorlesungen von der „Dreigestaltigkeit der alten Muttergöttinnen" spricht, deren eine als Greisin erscheint, „die in der Unterwelt wohnt, die Todesgöttin, die zugleich Wiedergeburt bewirkt (Io ... und natürlich Hekate – Hekuba)" (VeE 133). Damit gehört Hekabe für Wolf zur Sphäre der „Mütter", der durch den patriarchalischen griechischen Götterolymp verdrängten matriarchalischen Ur-Gottheiten.

Ein dritter Überlieferungsstrang weist zurück auf Charlotte Jordan, die autobiographische Mutterfigur aus *Kindheitsmuster*. Wie diese redet Hekabe realistisch-klug und nicht ohne Rechthaberei:

Nun, nun, festgehalten, spottete Hekabe. Geraubt. Immerhin sei Hesione in Sparta keine erniedrigte Gefangene. Oder? Wenn man recht unterrichtet war, hatte jener Telamon sie zu seiner Frau gemacht? Zur Königin, oder? (43; vgl. dazu z. B. KM 194: Was? Nicht wollen? Ja worauf wartet sie denn noch? Daß er sie aus dem Hause prügelt? Sie denkt, er wird sich besinnen und zu ihr zurückkommen. Der? Aber der ist dieser Rothaarigen doch hörig.)

Mit Charlotte Jordan gemeinsam hat Hekabe das Wort von der „Angstpartie" (K 42; KM 143) und die nüchterne Berufung auf die fünf Sinne (K 45; KM 28).

Das traditionelle Bild der Hekabe als gestürzter Königin und leidender Mutter wird vor allem im zweiten Teil von Wolfs Erzählung aufgegriffen in Hekabes Angst (129) und Klagen (131) um ihren Lieblingssohn (106) Hektor, ihrem Schmerz um die von Achill geschlachteten trojanischen Gefangenen („Hekabe, als sie von mir abfiel, war eine alte Frau, hohlwangig, weißhaarig" (132)), ihren Flüchen und Verwünschungen gegen die Griechen (13; 159), ihrer Sorge, die wahnsinnige Polyxena vor der Rache der Griechen zu bewahren (159). Es paßt zu diesem Bild, wenn Wolf Hekabe zu einer Vertrauten des Anchises und des Kreises um ihn macht, zur Gegnerin des Krieges (106), Fürsprecherin des Lebens (138).

Dagegen ist das Bild der frühen Hekabe stärker von matriarchalischen und autobiographischen Zügen geprägt.

An matriarchalische Traditionen knüpft Hekabe an, wenn sie die „Entführung" der Hesione als einen friedlichen Hochzeitsbrauch deutet („Wenn man recht unterrichtet war, hatte jener Telamon sie zu seiner Frau gemacht? Zur Königin, oder?" (43)) oder wenn sie für ihren Traum vor der Geburt des Paris, nicht zufrieden mit der offiziellen Deutung des Kalchas, bei Arisbe eine alternative Deutung einholt, die auf die Wiederkunft des Matriarchats weist (59, vgl. S. 84 f. dieser Arbeit).

Wesenszüge Charlotte Jordans zeigt die Königin Hekabe in ihrer Klugheit und ihrem Pragmatismus, ihrem Sinn für das politisch Mögliche:

Über politische Ereignisse weine man nicht. Tränen trübten das Denkvermögen (45); Dein Vater, hat sie mir gesagt, will alles ... Die Griechen sollen dafür zahlen, daß sie ihre Waren durch unsern Hellespont befördern dürfen: richtig. Sie sollen König Priamos dafür achten: falsch. Daß sie über ihn lachen, wenn sie sich überlegen glauben – was kränkt es ihn. Solln sie lachen, wenn sie zahlen (49).

In ihrer frühesten Erinnerung, der Thronszene, sieht Kassandra die Mutter Hekabe – hier durchdringen sich phylogenetische und individualgeschichtliche Vorstellungen – als Königin (17). Die Beziehung Kassandras zu der beherrschenden Gestalt ihrer Kinder- und Mädchenzeit ist vieldeutig.

„Hekabe hat mit Armen, in denen Männerkraft steckte, meine zuckenden bebenden Schultern gegen die Wand gedrückt" (52), heißt es beim ersten „Anfall" der Kassandra. Beherrscht Hekabe Kassandra mit männlicher Gewalt? – Die Geste wird später so interpretiert: „Leben gegen Tod, die Kraft der Mutter gegen meine Ohnmacht" (52).

„Ich weiß auch, daß nur wenige es bemerken, wenn man sich verändert. Hekabe die Mutter hat mich früh erkannt und sich nicht weiter um mich gekümmert. Dies Kind braucht mich nicht, hat sie gesagt" (15). Ist Hekabe verständnisvoll und liberal? „Sie blieb dabei, mich auszuforschen" (20). Kassandra fühlt sich von ihr „gelenkt, geleitet und zum Ziel gestoßen", wenn Panthoos ihr als derjenigen, „die Hekabe ihm bezeichnete" (28), Stab und Stirnbinde der Priesterin reicht. Verleugnet Hekabe den „‚dunklen' Untergrund und Hintergrund des ‚Lichtgotts'" (VeE 99), wenn sie die Wolfsgestalt des Apollon im Traum ihrer Tochter nicht wahrhaben will (19 f.), will sie die Überreste matriarchalischer Kultur totschweigen, wenn sie verbietet, den Namen „Kybele" auszusprechen? (24) „Sie habe mich immer nur schützen wollen, hat sie mir dann gesagt" (24). Als Kassandra dann die Mutter anschreit „Ich weiß, wer Kybele ist!", antwortet die mit den Worten Charlotte Jordans: „Dann ist es ja gut" (25; vgl. KM 233). Heißt sie es gut, daß Kassandra Kybele gesehen hat? Will sie das Gespräch darüber beenden? Kassandra fühlt sich von Hekabe „ernst genommen" (45) und vernachlässigt (15), gekannt (25) und überwältigt (70 f.). Sie will sie stark: „Was sollte mir eine Mutter, die Schwäche zeigte?" (25) und begehrt doch „heiß empört" gegen ihre Befehle auf (24), sie begegnet ihr mit Bewunderung und Haß (15), Zuneigung und Reserviertheit.

So stellt die Beziehung Kassandras zur frühen Hekabe in ihrer Polyvalenz für den Leser ein Reservoir möglicher Identifikationen dar.

„das war der furchtbarste, der eigentliche Jammer, und es war das höchste Entzücken: Aineias" (VeE 47)

Aineias gewinnt für Christa Wolf in einer sehr frühen Phase der Entstehungsgeschichte von *Kassandra* Gestalt: während ihrer Griechenlandreise, auf der Überfahrt von Piräus nach Kreta. Wolf hat genau beschrieben, wie an ihm zunächst Datierungsfragen erörtert werden, wie ihr die mythologische Gestalt dann aber mit der eines jungen Partisanen verschmilzt, dessen Geschichte sie auf der Überfahrt liest: „Fix und fertig erstand Aineias vor meinem inneren Auge" (VeE 46). Die Formel „Zartsinn, gepaart mit Kraft" ist erklärtermaßen die „Übertragung eines gegenwärtigen Wunschbildes auf eine mythologische Figur, die so nicht gewesen sein **kann**" (VeE 46).

Als mythologische Figur ist Aineias, Sohn des Anchises und der Aphrodite, ein Vetter des Königs Priamos, den die Ilias als tapferen Kämpfer im trojanischen Krieg darstellt. In Vergils Aeneis ist er die Hauptfigur; er flieht, seinen Vater Anchises auf dem Rücken, aus dem brennenden Troja und wird später, nach Irrfahrten und Abenteuern, zum Gründer Roms.

Bei Ranke-Graves erscheint Aineias zwar auch als „geschickter Kämpfer" (RG 162 k; 163 c), aber es wird doch betont, daß er mit seinen Dardanern außerhalb von Troja lebt (RG 162 j), während der ersten Kriegsjahre „neutral" bleibt (RG 162 k; 167 j) und erst, nachdem Achill seine Ländereien verwüstet hat, sich mit den Trojanern verbündet (RG 162 k). Die von Ranke-Graves hervorgehobene Neutralität des Aineias und seine ländliche Lebensweise scheinen Christa Wolfs Konzeption dieser Figur direkt beeinflußt zu haben; gegen die Tradition hat sie ihn an keiner Stelle als Kämpfer dargestellt.

Ranke-Graves' Satz „wenn Hektor die Hand der Troer war, war Aineias ihre Seele" (162 k) hat Wolf wörtlich übernommen. Auch die Teilnahme des Aineias an der 3. Schiffexpedition ist bei Ranke-Graves (159 q) vorgebildet.

Wichtigste Neuerung gegenüber der Tradition ist in Wolfs Erzählung die Liebesbeziehung zwischen Kassandra und Aineias; sie ist von charakteristischer Doppeldeutigkeit. Aineias ist zum einen der, der in wichtigen Krisensituationen im Leben Kassandras da ist, ihr beisteht oder ihre Hilflosigkeit mit ihr teilt. Bei ihrem ersten Anfall klammert sich Kassandra an Aineias, der „erschrocken war, aber standhielt" (47). Als Kassandra in der Szene der Tempelprostitution in „grauenvoller Scham" (20) dasitzt, holt Aineias sie ab; dabei erscheint zum erstenmal das Muster von Gegenseitigkeit, das die Liebesbeziehung beider charakterisiert: „Er hob mich auf – nein: Ich erhob mich, aber darüber stritten wir manchmal" (21). Nach dem Tod des Troilos, als Kassandra in Fühllosigkeit erstarrt, spürt sie die Berührung der Hand des Aineias, die sich an ihre Wange legt (88). Bei der Liebesbegegnung Kassandras mit Aineias liegt „seine Hand an meiner Wange, meine Wange in seiner Hand" (103). Das Gegenseitigkeitsmuster dieses Satzes wiederholt sich in der Figur „Aineias Kassandra. Kassandra Aineias" (104), die, dem Liebesdialog von Tristan und Isolde in Gottfried von Straßburgs *Tristan* nachgebildet, auf die vollkommene Gleichgewichtigkeit der Beziehung verweist. – Nach dem Tod der Penthesilea trägt Aineias die verstörte Kassandra zu den Frauen in den Höhlen.

Kassandras Beziehung zu Aineias ist nicht nur durch das Muster erfüllter Gegenseitigkeit bestimmt, sondern auch durch das Muster von Trennung und Verlust. Das ist schon – bei aller Vieldeutigkeit der Symbolik, die im Kapitel „Träume" erörtert wird – der Inhalt des Traums, in dem Kassandra Aineias sich in einem Schiff von Troja entfernen sieht, während sich ein ungeheures Feuer zwischen die Wegfahrenden und die Daheimgebliebenen legt (22). Dieser Traum erfüllt sich nicht erst beim Aufbruch des Aineias aus dem brennenden Troja, sondern immer wieder: „Aineias verschwand aus meinem Gesichtskreis, ein Muster erfüllte sich zum erstenmal" (23).

Als Aineias Kassandra nach dem Tod des Troilos getröstet hat, erklärt er: „Er könne hier zur Zeit nichts tun. Er gehe, sagte er. Geh, sagte ich. Ach, er verstand es zu verschwinden" (88). Am Morgen nach der Liebesnacht mit Kassandra bricht Aineias mit einer Schar Bewaffneter zur Schwarzmeerküste auf. „Ich glaube, und verstand ihn, doch verstand ihn nicht, daß Aineias lieber ging als blieb ... Für viele Monate entschwand er mir" (104). „Zurückgezogen" (119), „zurückhaltend" (134) bleibt auch der anwesende Aineias. Er drängt sich nicht auf (149). „Dies war die Zeit, da ich

Aineias nicht empfangen konnte und er auch von allein nicht kam" (115). Er läßt Kassandra allein: „Aineias mied mich" (78); „Aineias war nicht da, man hatte ihn, wie üblich, weggeschickt" (116).

Der Aufbruch des Aineias aus dem brennenden Troja ist für Kassandra doppeldeutig: er rettet sich und seine Dardaner („Aineias lebt" (7); „Aineias ist ein erwachsener Mensch" (12); „Ein paar hundert Leute mußtest du dem Tod entreißen" (160)), und er liefert sich der Wiederholung aus, die Kassandra für sich ablehnt: „Siehst du, Aineias, das hab ich gemeint: die Wiederholung. Die ich nicht mehr will. Der du dich ausgeliefert hast" (135). Diese Einsicht gesteht sich Kassandra in ihrem Erinnerungsmonolog nur stückweise ein. Die Erinnerung an das letzte Gespräch, den Streit mit Aineias, taucht erst in der Mitte der Erzählung auf, wird aber sogleich beiseite geschoben: „soweit sind wir noch nicht. Das Gespräch mit dir kommt später. Wenn ich es brauchen werde" (88). Kurz darauf gibt sie eine ‚idealisierte' Version der Szene („daß er keinen Trost wußte, tröstete mich" (91)). Erst am Ende ihres Erinnerungsmonologs kann Kassandra von der Auseinandersetzung mit Aineias berichten: „Als ich mit Aineias auf der Mauer stand, ... kam es zwischen uns zum Streit. Daran zu denken, habe ich bis jetzt vermieden. Aineias ... bestand darauf, daß ich mit ihm ging. Er wollte es mir befehlen" (159). Kassandra hält ihm entgegen: „Bald, sehr bald wirst du ein Held sein müssen ... Einen Helden kann ich nicht lieben. Deine Verwandlung in ein Standbild will ich nicht erleben" (160).[31]

Christa Wolf hat die in der Tradition überlieferte Geschichte, daß Aineias mit seinen Leuten das untergehende Troja verläßt, zu einem Leitmotiv ihrer Aineiasgestalt ausgebaut: Aineias ist der, welcher fortgeht. Zugleich ist der Aineias ihrer Erzählung aber – gegen die Tradition – der Geliebte der Kassandra, der in Krisensituationen bei ihr ist, in einer von Herrschaft und Unterdrückung freien, ausgewogenen Beziehung. „Das war der furchtbarste, der eigentliche Jammer, und es war das höchste Entzücken: Aineias" (VeE 47). Wie schon dieser erste skizzenhafte Entwurf andeutet, ist die Gestalt des Aineias als eine ambivalente konzipiert. Ambivalent ist auch die Liebesbeziehung zwischen ihm und Kassandra: sie wird beherrscht von der Spannung zwischen „Entzücken" und „Jammer", Erfüllung und Verzicht.

„Ja. Ja. Ja. Jetzt werd ich mit mir selbst von Polyxena sprechen. Von jener Schuld, die nicht zu tilgen ist" (111). Kassandras Erinnerungen an ihre Schwester Polyxena sind von starken Emotionen, von Scham, Reue und Schuldgefühlen geprägt. Immer wieder wird Polyxena, als einzige von den Toten, in Kassandras Monolog direkt angesprochen: „Die Reue ätzt mich, sie läßt nicht nach, Polyxena" (30). Kassandra muß innere Widerstände überwinden, um die Person der Schwester und ihr Verhältnis zu ihr ins Auge zu fassen: „Ausweichen, ablenken, so wie immer, wenn ihr Name ansteht: Polyxena" (111 f.). „Du mit deinen grauen Augen. Du mit deinem schmalen Kopf, dem weißen Gesichtsoval, dem wie mit dem Messer scharf geschnittenen Haaransatz. Mit dieser Haarflut, in die jeder Mann hineingreifen mußte. Du, in die jeder Mann, der dich sah, sich verlieben mußte, was sag ich, verlieben! Der er verfallen mußte" (31).

Kassandras Verhältnis zu Polyxena ist geprägt von Eifersucht: „Sie war die andere. Sie war, wie ich nicht sein konnte. Hatte alles, was mir fehlte" (111 f.); sie ist „anmutig" (32); „Wenn sie vorbeiging, lächelten sie alle, der erste Priester und der letzte Sklave wie das dümmste Küchenmädchen" (112). Beide Schwestern konkurrieren um das Priesteramt, und obwohl Polyxena, nach den Worten des Panthoos, „geeigneter" (18) gewesen wäre, kann Kassandra, als Priamos' „Lieblingstochter" (18; 30), sich durchsetzen. Sie verschließt sich der Einsicht, daß auch Polyxena das Amt gebraucht hätte, als „Schutz vor dir selbst; vor der Überzahl der Liebhaber" (31).

Nicht nur verfallen die Männer Polyxena, sondern Polyxena verfällt auch den Männern; das zeigt Wolf vor allem an Polyxenas Verhältnis zu Achill und zu Andron, einer Gestalt, die in der Tradition kein Vorbild hat. Polyxena haßt und verachtet Andron, den Gefolgsmann des Eumelos, und träumt dabei, sie habe sich „auf die erniedrigendste Art" mit ihm „vereint" (113); sie fängt heimlich ein Verhältnis mit ihm an. Diese Unterwerfung wird von ihr im innersten bejaht, ja provoziert. Sie ist „nicht nur von außen, auch aus sich selbst heraus zum Opfer vorbereitet" (114). Kassandra ist nicht imstande, dieses Syndrom durch Verständnis lockern und lösen zu helfen. Ihr Widerstand richtet sich, wie es scheint, gegen eigene abgespaltene Möglichkeiten, die sie auf die Schwester projiziert: „Ich wollte es nicht wissen, wie es kam, daß meine Schwester Polyxena höchste Lust nur dann empfinden konnte, wenn sie sich bis in den Staub dem Unwürdigsten unterwarf" (113). Polyxena liefert sich dem patriarchalischen Prinzip durch masochistische Preisgabe aus (sie träumt zu dieser Zeit, „der Vater tue ihr ... Gewalt an" (115)), Kassandra in sublimierter Form durch ihren Eintritt ins Priesteramt: „Polyxena habe ich verachten müssen, weil ich mich selber nicht verachten wollte ... Polyxena, glaube ich, ging so über jedes Maß furchtbar zugrunde, weil nicht sie des Königs Lieblingstochter war, sondern ich" (114).

In die facettenreiche Beziehung Kassandras zu Polyxena sind die vielfältigen Aspekte einer Geschwisterbeziehung, Rivalität, Bewunderung, Identifikation, Scham, Reue, Schuld eingegangen.

Christa Wolf hat die Grundzüge der antiken Überlieferung, in der von einer Verbindung Achills mit Polyxena berichtet wird, von ihrem Gewährsmann Ranke-Graves übernommen, freilich mit charakteristischen Veränderungen; sie hat mehr Gewicht gelegt auf die Selbstunterwerfung Polyxenas und auf die neue Gewohnheit, Menschen wie Waren zu kaufen oder zu tauschen, die die Trojaner von den Griechen gelernt haben.[32]

Ganz Eigentum Wolfs ist die Szene, in der sich Polyxena dem Achill auf der Mauer Trojas mit entblößter Brust zeigt: „Das hatte sie gewollt. Die Ihren strafen, indem sie sich selbst verdarb" (128; vgl. „Lust an Selbstzerstörung" (131)). Dem Sadismus des Achill kommt der exhibitionistische Masochismus Polyxenas entgegen.

Polyxenas Tod auf dem Grab des Achill ist in der abendländischen Überlieferung immer wieder dargestellt worden. Viele Autoren haben – im Anschluß an Euripides' *Hekabe* (v. 518 ff.) – die heroische Haltung gerühmt, mit der sie freiwillig in den Tod geht und damit die Bewunderung der Griechen erregt. Bei Christa Wolf ist sie, seit sie Achills Befehl kennt, sie „nach der Griechen Sieg auf seinem Grab zu opfern", „irr geworden vor Angst" (154). Nach Trojas Fall wird sie als ohnmächtiges Opfer auf Achills Grab geschlachtet (30; 49; 159).

4.5
Eumelos *„Der überlebte nämlich" (158)*

Für die Figur des Eumelos hat Christa Wolf lediglich den Namen[33] aus der Tradition genommen, im übrigen ist diese Figur ganz ihr Eigentum[34]. Eumelos ist „Sohn eines niedrigen Schreibers und einer Sklavin aus Kreta" (66), entstammt also einer sehr niedrigen Gesellschaftsschicht. Seine Figur wird aus jener kritischen Situation heraus entwickelt, als Paris, ins patriarchalische Troja zurückgekehrt und „seiner selbst nicht inne" (54), sich auf den Wettkampf mit seinen Brüdern einläßt: Die Ausgänge des Stadions werden durch die Wachsoldaten des Königshauses abgeriegelt – „zum erstenmal hörte man, ein junger Offizier namens Eumelos habe sich dabei durch Umsicht und Konsequenz hervorgetan" (54). Der Aufstieg des Eumelos vollzieht sich schnell und fast wie von selbst: Bald steht er als Wachtposten vor Priamos' Tür und wird von diesem als „ein fähiger Mann" (59 f.) bezeichnet; wenig später wird ihm die Palastwache unterstellt, auch erhält er einen Sitz im Rat (65) und nimmt damit teil an den im Staate zu fällenden Entscheidungen. Im Laufe des Krieges schließlich „verändert sich die innere Ordnung des Palastes" (110), der Palast wird zum „Palast des Eumelos" (101), über ganz Troja wird ein „Sicherheitsnetz" totaler Kontrolle geworfen (119). Eumelos „näherte sich dem Gipfel seiner Machtvollkommenheit" (120).

Wodurch, so ist zu fragen, wird der stupende Aufstieg des Eumelos ermöglicht? Zunächst einmal ist auffällig, daß sein Aufstieg zur Macht auch von der Seherin Kassandra erst wahrgenommen wird, als Eumelos bereits Befehlshaber der Palastwache und Mitglied des Rates ist[35], also eine Position erreicht hat, die es ihm erlaubt, seine Macht auszubauen. Die mit dem Erscheinen des Paris in Troja eintretende kritische politische Situation, in der Eumelos zum ersten Male als Stütze des herrschenden Systems in Erscheinung tritt, begründet seinen Aufstieg. Macht er hier zuerst einmal auf sich aufmerksam, so ermöglicht ihm wenig später die ‚Königspartei', die die Vergeltungseskalation des Vorkrieges mit den Schiffsexpeditionen betreibt, während des Besuches des Menelaos sich als Macht zu etablieren. Und indem er Paris ein Ziel und eine Aufgabe einredet, verhilft er dem agonalen Prinzip endgültig zum Durchbruch und hat sich damit die Basis geschaffen, auf der er seine Aktivitäten voll entfalten kann. Eine spezifische Konstellation zu einem bestimmten Zeitpunkt ist es also, die Eumelos geschickt für sich nutzt – „ein fähiger Mann am rechten Platz. Doch hatte diesen Platz der Fähige für sich erfunden. Na und? War es nicht immer so?" (66).

Schon während des Besuches von Menelaos in Troja werden die beiden Säulen deutlich, auf denen die Macht des Eumelos ruht: Zum einen greift er in die gültige Sprachregelung ein und leitet damit eine Änderung der Denkweise ein[36], zum anderen knüpft er ein „Sicherheitsnetz" (65). Die Tragweite dieser Neuerungen wird allerdings vorerst von niemandem erkannt – auch von Kassandra nicht.[37]

Mit Hilfe von ihn unterstützenden „Palastschreibern und Tempeldienern" (75) errichtet Eumelos sodann als „geistige Rüstung" (75) das Feindbild „Grieche" – durch „Schmähung des Feindes" („Von Feind war schon die Rede, eh noch ein einziger Grieche ein Schiff bestiegen hatte" (75)) und dadurch, daß er den Argwohn der Trojaner auf alle die lenkt, die als Sympathisanten des Feindes gelten können, wie Briseis, auf die in Troja lebenden Griechen, wie Panthoos, und auf alle die, welche mit ihnen Umgang haben (75). Ziel dieser psychologischen Kriegsführung ist, die Trojaner so zu formen, „wie der Krieg uns brauchte. Wir sollten werden wie der Feind, um ihn zu schlagen" (37), und das heißt, so konsequent zu sein wie die Griechen.[38]

Parallel zu diesem „Sprachkrieg" (77) baut er die ursprünglich unbedeutende Palastwache[39] zur uniformierten und im Stadtbild Trojas immer präsenter werdenden Polizei aus[40], die dann während des Krieges zu einer allgegenwärtigen Staatspolizei wird, die alle und alles kontrolliert und die Trojaner zu einem „Volk mit feigen Hinterköpfen" (99) macht. Zu Hilfe kommt ihm hierbei der für die Trojaner unglücklich verlaufende Krieg: Als einer der Königssöhne, Lykaon, „durch Achill das Vieh gefangengenommen und gegen ein kostbares Bronzegefäß an den gehässigen König von Lemnos" (119) verkauft wird, weiß allein Eumelos, wie auf „den schandbaren Übermut des Feindes" (119) zu reagieren ist:

Er zog die Schrauben an. Er warf sein Sicherheitsnetz, das bisher die Mitglieder des Königshauses und die Beamtenschaft gedrosselt hatte, über ganz Troja, es betraf nun jedermann. Die Zitadelle nach Einbruch der Dunkelheit gesperrt. Strenge Kontrollen alles dessen, was einer bei sich führte, wann immer Eumelos dies für geboten hielt. Sonderbefugnisse für die Kontrollorgane (119).

Mit diesen „Maßnahmen" ist ein Prozeß abgeschlossen, der sich lesen läßt als die Entstehung eines totalitären Staates. Eumelos ist dann die Figur, mit deren Hilfe verdeutlicht wird, auf welche Weise ein solches System entsteht. Eumelos' Funktion innerhalb der Erzählung auf diesen Aspekt allein festlegen zu wollen, hieße allerdings, sie zu einsinnig zu deuten. Eine weitere Dimension erschließt sich, wenn man die Beziehung „Priamos–Eumelos" ins Auge faßt. Anchises bezeichnet beide, Priamos wie Eumelos, als Produkte von Troja (107), und auf den Einwand Kassandras, daß Eumelos eine „Fehlentwicklung, etwas wie ein Unfall" (107) sei, entgegnet er: „Während Priamos … nichts weiter tut, als Eumelos in seine Ämter einzusetzen. Stimmts? Auch eine Fehlentwicklung? – Allerdings" (107), worauf in Kassandra nach einigem Sträuben die Erkenntnis reift, „daß Priamos und Eumelos ein Paar warn, das einander brauchte" (107). Und gleichsam zur Unterstreichung dieser Aussage folgt unmittelbar die Erinnerung, daß die Palastwache „Hekabe der Königin die Teilnahme an den Sitzungen des Rats" (107 f.) verwehrt, was nicht den von Kassandra erwarteten Einsturz der Ordnung im Palast (108) zur Folge hat, sondern gänzlich folgenlos bleibt. Der Ausschluß der Königin von den Ratssitzungen markiert den Endpunkt der Entwicklung Trojas von einem mehr matriarchalisch geprägten zu einem ausschließlich patriarchalisch bestimmten. Priamos benötigt Eumelos als Stütze und als Hilfe zur Festigung und zum Ausbau seiner Position als Herrscher an der Spitze eines Patriarchats, während Eumelos wiederum auf Priamos als denjenigen angewiesen ist, der seine Aktivitäten legitimiert. So gesehen, verkörpert Eumelos dem Patriarchat inhärente Komponenten, wie Hierarchie, Organisation, System, gleichzeitig aber auch die diesen innewohnende destruktive Potenz. Dies macht ihn zu einer der Figuren innerhalb der Erzählung, anhand derer Christa Wolf die grundsätzliche „Fehlentwicklung" aller heute bestehenden Gesellschaftssysteme aufzeigen will.[41] In diesem Zusammenhang bezeichnet dann auch der „Palast des Eumelos" (101) nicht allein die Machtfülle, zu der Eumelos gelangt ist, sondern vor allem die

Tatsache, daß sich in Troja das Patriarchat durchgesetzt hat, die „neue Zeit" (90), von der Kassandra sagt, sie habe weder Lebende noch Tote respektiert. „Sie drang, ich weiß nicht wie, durch jede Ritze. Bei uns trug sie den Namen Eumelos" (90). Hier wird ganz deutlich, daß Eumelos Chiffre ist für all das, was nach Wolf die Bedrohung der Menschheit heute hervorgerufen hat. Der Chiffren-Charakter dieser Figur wird auch deutlich in dem Satz Kassandras: „Der Eumelos in mir verbot es mir" (81) und der ihm folgenden Analyse der Beweggründe für Kassandras Verschweigen der Wahrheit dem Volk gegenüber, daß Helena nicht in Troja sei.

Eine gewisse Skepsis Wolfs, ob der Entwicklung in den Untergang noch zu steuern ist, scheint sich in der letzten Begegnung zwischen Kassandra und Eumelos, nachdem die Troer das Pferd der Griechen in die Stadt befördert haben, anzudeuten:

Eumelos. Vor ihm stand ich wieder. Sah das Gesicht, welches man von Mal zu Mal vergißt und das daher von Dauer ist. Ausdruckslos. Ehern. Unbelehrbar. Selbst wenn er mir glaubte – er würde sich den Troern nicht entgegenstellen. Sich vielleicht erschlagen lassen. Der überlebte nämlich. Und die Griechen würden ihn gebrauchen. Wohin wir immer kämen, dieser wär schon da. Und würde über uns hinweggehn (158).

Eumelos erscheint hier als ein die Katastrophen überdauerndes Prinzip, das außer Kraft gesetzt werden müßte, soll die endgültige Katastrophe verhindert werden. Wie das geschehen kann, darüber wäre auch über die Antwort hinaus, die Christa Wolf in *Kassandra* gibt, zu diskutieren.

5
Kassandra

5.1
Die Priesterin Kassandra

„Priesterin werden, um Macht zu gewinnen?" (61)

Kassandras Priesterweihe fällt in die Zeit der Ausrüstung des 3. Schiffes, mit dem sie sich zuweilen gleichsetzt (53). Das Schiffssymbol gehört, wie S. 32 f. dieser Arbeit gezeigt worden ist, in den Kontext der Kriegsvorbereitungen. Mit dem Priesteramt übernimmt Kassandra unmittelbar vor Kriegsbeginn eine Position in der trojanischen Hierarchie.

Es ist der nüchterne und kultivierte griechische Priester Panthoos, der Kassandra zur Priesterin weiht und in dessen Gestalt ihr, in der Nacht vor der Priesterweihe, in einer Initiationsszene, Apollon erscheint. Kassandra ist zu dieser Zeit nicht imstande, Priesteramt und Sehertum voneinander zu trennen: „Ich, Kassandra, ... war vom Gott selbst zur Seherin bestimmt. Was war natürlicher, als daß ich ihm auch als Priesterin in seinem Heiligtume diente?" (30; vgl. 44)

Der Aufstieg in eine Machtposition ist nicht zu haben ohne Benachteiligung, ja Zerstörung anderer. In den Stunden vor ihrem Tod ringt Kassandra verzweifelt mit der Schuld, Polyxena in dem Streben nach dem Priesteramt, das der Schwester Schutz vor ihren masochistischen Neigungen gewährt hätte, übervorteilt zu haben. Wenn Kassandra in „gehobener Position", als Verwalterin der Werte dieser Gesellschaft, mit der Übernahme des Priesteramts in das patriarchalische System eintritt, dann findet sie dabei ihr Streben nach Distanz, nach Überlegenheit und nach Herrschaft bestätigt.

Das Priesteramt begünstigt ihre „Abneigung gegen die Annäherung irdischer Männer" (32), entzieht sie „den Berührungen der wirklichen Leute" und gibt ihr „Unnahbarkeit" (25), „Abgeschiedenheit ... von der Masse der Gläubigen, die führende Teilnahme an dem großen Schauspiel; die fromme Scheu und die Bewunderung in den Blicken der einfachen Leute; die Überlegenheit, die mein Amt mir gab" (115). Sie fühlt sich als „Instanz" (111), auch in ihrem Wunsch, „auf Menschen Einfluß auszuüben; wie anders sollte eine Frau sonst herrschen können?" (32). Sie selbst kann das erst in den Stunden vor ihrem Tod erkennen: „Um sie zu strafen, mußte ich in Zukunft mehr wissen als sie. Priesterin werden, um Macht zu gewinnen? ... Wie schwer es bis zuletzt die Sätze haben, die mich angreifen" (61).

Ohne Zweifel charakterisiert Wolf hier die Problematik der Übernahme „männlicher" Wertvorstellungen in der weiblichen Entwicklung („Ich spielte die Priesterin. Ich dachte, Erwachsensein bestehe aus diesem Spiel: sich selbst verlieren" (33)) und, auf einer weiteren Deutungsebene, die Situation des Schriftstellers als einer „Instanz" im Staat[42]: „Ich wollte die Welt nicht, wie sie war, aber hingebungsvoll wollte ich den Göttern dienen, die sie beherrschten: Es war ein Widerspruch in meinem Wunsch" (48). Auch als sie aufgehört hat, an die Götter zu glauben, hält Kassandra an ihrem Priesteramt fest (115). Erst durch ihren Anschluß an die Minderheit am Skamander „begibt sie sich bewußt ins Abseits, entledigt sich aller Privilegien" (VeE 96).

5.2
Sehen und Blindheit

„eine Erfahrung war es, ist es, wenn ich „sehe', „sah'" (70)

„Warum wollte ich die Sehergabe unbedingt?" (6; 11). Diese Frage stellt sich die ihr Leben überdenkende Kassandra mit unübersehbarer Dringlichkeit. Zur Zeit der Ausfahrt des 2. Schiffes beantwortet sie sich für Kassandra so: „Ich wollte Priesterin werden. Ich wollte die Sehergabe, unbedingt" (44; vgl. 30). Erst allmählich erkennt sie, daß beides nicht dasselbe ist. Wenn Priesterschaft heißt, den herrschenden Göttern dienen (48) und sich in das patriarchalische System einfügen, dann war „ein Widerspruch in meinem Wunsch. Ich gönnte mir Zeit, ehe ich ihn bemerkte, immer habe ich mir diese Zeiten von Teilblindheit gegönnt. Auf einmal sehend werden – das hätte mich zerstört" (48).

Das Priesteramt als Institution und Ritual befähigt also gerade nicht zum „Sehen", es macht blind: „Ich spielte die Priesterin ... Getragen von der Achtung der Troer, lebte ich scheinhaft wie nie ... Ich sah nichts. Mit der Sehergabe überfordert, war ich blind" (33; vgl. 13).

Man hat immer wieder darauf aufmerksam gemacht, daß Kassandras Sehertum, wie es sich in Wolfs Erzählung darstellt, keine übernatürlichen Qualitäten hat. Sehen heißt einfach: genau wahr-

nehmen.[43] Nur aus diesem Sehen leitet sich ihre Zukunftsvoraus-
sage ab: „Wer sehen konnte, sah am ersten Tag: Diesen Krieg
verlieren wir" (86). Kassandra „sieht' die Zukunft, weil sie den
Mut hat, die wirklichen Verhältnisse der Gegenwart zu sehen"
(VeE 96).

Mit diesem Sehertum verbindet sich ein Appell: es ist ein Vor-
aussehen „wie es jeder könnte" (135; 100); „Das hab ich lange
nicht begriffen: daß nicht alle sehen konnten, was ich sah. Daß sie
die nackte bedeutungslose Gestalt der Ereignisse nicht wahrnah-
men" (50). So sieht Kassandra Penthesileas Tod voraus: „ich hatte
Grund, sie genau zu beobachten, da sah ich es" (9).

Wegen dieser Fähigkeit zu beobachten ist Kassandra ihrem
Zwillingsbruder, dem Orakelsprecher Helenos, überlegen: „er
brauchte das Ritual ... Ich, die ich kaum auf Därme, Leber, Ma-
gen des jungen Stieres sah, ich blickte auf die erregten aufgerisse-
nen Gesichter der Menschen" (35). Das „Sehen" der Kassandra
hat nicht so sehr den Charakter einer Sinneswahrnehmung, als
den einer „Erfahrung" (124).[44] Es ist ein sympathetisches Gefühl,
ein „inneres Beben" (69), das immer wieder zu Zeitdurchbrüchen
führt: „Ich aber. Ich allein sah. Oder ,sah' ich denn? Wie war das
doch. Ich fühlte. Erfuhr – ja, das ist das Wort; denn eine Erfahrung war es, ist es, wenn ich ,sehe', ,sah' " (70; vgl. 124).

5.3
Kassandras Wahnsinn

„*Wahn-Sinn als Ende der Verstellungsqual*" (71)

Die Gestalt des wahnsinnigen Sehers ist ein mythologischer und
literarischer Topos. So ist auch die Seherin Kassandra – im *Agamemnon* des Aischylos, in den *Troerinnen* des Euripides – immer
wieder als Wahnsinnige dargestellt worden, die nach Trojas Untergang und auf dem Beutewagen des Agamemnon vor der mykenischen Burg in mantischen Ekstasen die Zukunft voraussagt.[45]

In Wolfs Erzählung erscheint Kassandra gerade in diesen
Situationen als eine beherrschte, ja überlegene, auch andern Halt
gebende Figur; auch während der Kriegszeit ist Kassandra nie als
Wahnsinnige dargestellt; schon beim ersten Kriegsereignis, dem
Tod des Troilos, heißt es: „Diesmal schrie ich nicht. Wurde nicht
wahnsinnig. Blieb stehn" (86); (vgl. „Keine Erlösung durch Ohnmacht oder durch Gesichte" (148)).

Die Wahnsinnsanfälle Kassandras, von denen Wolf erzählt, liegen alle vor Kriegsbeginn; man hat öfter darauf hingewiesen, daß sie in ihrer Erscheinungsform Ähnlichkeit mit epileptischen Anfällen haben.[46] Noch in ihrer Kindheit erleidet Kassandra einen „primären" Anfall beim Tod ihres Halbbruders Aisakos. Dieser hat sich – nach einer auch in Ovids *Metamorphosen* erzählten Geschichte – aus Kummer um den Tod seiner Frau Asterope durch einen Sprung ins Meer getötet und soll, so wird erzählt, in einen Tauchvogel verwandelt, weiterleben. Kassandra – das ist Eigentum Wolfs – hat Aisakos geliebt und weigert sich, die Geschichte vom Tauchvogel zu glauben:

ich allein wand mich tage- und nächtelang schreiend, in Krämpfen auf meinem Lager. Selbst wenn ich es hätte glauben können, aber ich glaubte es nicht, daß mein Bruder Aisakos ein Vogel war ... Ich wollte keinen Vogel anstelle meines Bruders. Ich wollte ihn, Aisakos ... Ihn wollte ich wiederhaben, mit Haut und Haar, schrie ich, ihn ihn ihn ihn. Aisakos (51 f.).

In dieser kindlichen Episode wird bereits der Kernpunkt aller Anfälle Kassandras deutlich: ihr Wesen und Erkenntnisdrang ist unbeirrbar auf die Realität gerichtet, sie kann sich nicht durch beschönigende Interpretationen – hier die des Orakelsprechers Kalchas, die auch sofort gesetzlich verankert wird, indem man den Vogel „unter den Schutz der Allgemeinheit" (51) stellt – abspeisen lassen.

Die drei weiteren Anfälle Kassandras stehen in unmittelbarem Zusammenhang mit den Schiffsexpeditionen und den zum Krieg führenden Ereignissen, sie deuten, ausdrücklich oder implizit, auf Krieg und Unheil voraus.

1. Kalchas, mit dem 2. Schiff ausgefahren, ist bei den Griechen geblieben – als Geisel, so soll es das Volk glauben. Bei den Dienerinnen im Palast kursiert eine andre Version: „Kalchas zu den Griechen übergelaufen" (46). Kassandra, zwischen zwei Wahrheiten, stellt Hekabe zur Rede. Die Dienerinnen werden grausam bestraft. Als Kassandra von Aineias erfährt, daß Kalchas tatsächlich freiwillig bei den Griechen geblieben ist, läßt sie, „damit sie mich nicht zerrisse" ... „diese fremde Stimme" frei, die immer wieder „Ich hab es gewußt" wimmert und erleidet einen epilepsieartigen Anfall (47).

2. Am Abend vor dem Aufbruch des 3. Schiffes, beim Königsmahl, äußert sich Paris mit unerhörter Arroganz und deutet an, daß er wenn nicht Hesione, dann die Frau des Gastfreunds Menelaos, Helena, nach Troja holen werde. Kassandra berichtet „Ich aber. Ich allein sah ...: Was in dieser Stunde seinen Ausgang nahm, war unser Untergang" (70). Sie erlebt einen Zustand „endgültiger Fremdheit", bis eine Stimme, die sie „zerreißt", schreit: „Wehe, wehe. Laßt das Schiff nicht fort!" (70). 3. Beim letzten Anfall geht es um Helena, die Paris in Ägypten zurücklassen mußte, deren Namen die Trojaner aber brauchen, um „dem Krieg zujubeln zu können" (80). Als Kassandra von Paris erfährt, daß Helena nicht in Troja ist, reißt es ihr die Arme hoch und sie hört „diese Stimme": „wehe wehe wehe ... Wir sind verloren" (81).

Alle Anfälle Kassandras sind nicht eigentlich mantische Ekstasen, sondern Ausdruck einer unerträglichen Spannung zwischen ihrem „Hang zur Übereinstimmung mit den Herrschenden" und ihrer „Gier nach Erkenntnis" (74). Diese Spannung manifestiert sich jeweils in der „Stimme", die sie als etwas Fremdes, sie Zerreißendes empfindet und die ihre Umgebung mit unerträglichen Wahrheiten konfrontiert. Darauf folgt jedesmal der Absturz (70) in den „Wahnsinn", der als schmerzfreier (48) und gewissermaßen jenseits der Entscheidung liegender Zustand geschildert wird. „Zwei Gegner auf Leben und Tod hatten sich die erstorbne Landschaft meiner Seele zum Kampfplatz gewählt. Nur der Wahnsinn schützte mich vor dem unerträglichen Schmerz, den die beiden mir sonst zugefügt hätten" (71 f.); „Wahn-Sinn als Ende der Verstellungsqual" (71). Im Wahnsinn kann sich Kassandra aus dem Gewebe von Macht und Lüge, in das sie verstrickt ist, zurückziehen, aber dabei ist sie in Gefahr, sich selbst zu verlieren: „Ich war auf mich zurückgefallen. Doch es gab mich nicht" (71).[47] Sie bedarf der Hilfe Marpessas (48) und Arisbes (73 f.), die sie zwingt, aufzutauchen und sich selbst ins Auge zu fassen (74).

Kassandras Anfälle, regressive[48] und nicht ungefährliche Reaktionen auf den Zwiespalt zwischen einer unabweisbar scharfen Wahrnehmung der Realität und gesellschaftlich verordneten Lesarten, sind, bewältigt, auch Meilensteine ihrer Selbsterkenntnis und Verwandlung.

5.4
Kassandras
innere Geschichte

„Was nenne ich lebendig. Das
Schwierigste nicht scheuen, das
Bild von sich selbst ändern" (26)

Christa Wolf hat ihre mythologischen und frühgeschichtlichen
Materialien so organisiert, daß Kassandras Kindheit in eine Zeit
des noch existierenden Matriarchats (ihre früheste Erinnerung ist
die im Megaron thronende Mutter), ihre Jugend in eine Periode
des kulturellen Umbruchs fällt. Die heranwachsende Kassandra
lebt im Zwiespalt.

Sie erfährt von Arisbe, daß Hekabes Traum vor der Geburt des
Paris widersprüchlich gedeutet worden ist, offiziell durch Kalchas
auf Krieg und Untergang, inoffiziell durch Arisbe auf die Wiederkunft des Matriarchats (59; vgl. S. 84 f. dieser Arbeit). Sie hört die
Legende, daß die Schlangen im Tempelhain des Apollon ihr und
dem Zwillingsbruder Helenos die Gabe der Weissagung verliehen haben (29 f.; vgl. RG 158 p) – früher war der Kult „rein matriarchalisch", wurde dann aber von Männern usurpiert (VeE
143 f.) – und erlebt voll Neid, wie der Bruder Orakelsprecher
wird: „Könnt ich mein Geschlecht gegen das seine tauschen"
(35).

Sie wird Zeugin der Auseinandersetzung zwischen Priamos
und Hekabe über die matriarchalisch-friedliche oder patriarcha-
lisch-aggressive Deutung der Entführung Hesiones und fühlt sich
dadurch „zwiespältigen Gefühlen" (43) ausgeliefert (vgl. S. 33; 81
dieser Arbeit). Zwiespältig erlebt sie, in dem Traum vor ihrer
Priesterweihe, ihre Initiation durch den zweigestaltigen Apollon
(19; vgl. S. 89 ff. dieser Arbeit).

Der kulturelle Zwiespalt, dem sich Kassandra bis zu ihrer Priesterweihe angesichts des Umbruchs von der matriarchalischen
zur patriarchalischen Ordnung ausgesetzt sieht[49], kann, weil für
Christa Wolf kulturelle Krisen nie anders als im Innern einer Person (des Autors; einer sich erinnernden Figur) faßbar werden,
auch als Ausdruck der Krise ihrer individuellen Entwicklung begriffen werden[50]; Kulturkrise und entwicklungspsychologische
Krise stehen in einem Verhältnis homologer Entsprechung:

Aus psychoanalytischer Sicht ist also die Hypothese einer vorgriechi-
schen matriarchalen Welt, die von den patriarchalen Eroberern umgeformt und erobert wird, möglicherweise nur eine mythohistorische

Projektion der Erfahrung des Kindes ..., denn das Kind lebt unter einem matriarchalen Regime und fügt sich beim Heranwachsen in eine mehr oder weniger patriarchale Welt ein.[51]

Angesichts der immer deutlicher sich ausprägenden patriarchalischen Strukturen in Troja steht das Mädchen Kassandra vor der Entscheidung, sich zum Objekt machen zu lassen, wie beim Ritual der Tempelprostitution (21), oder, als „Lieblingstochter" (17 f.; 30; 52 f.), teilzuhaben an der väterlichen Macht. Sie entscheidet sich, eindeutig: „Ja, ich würde Priesterin werden, um jeden Preis" (21).

Mit ihrem Eintritt in das Priesteramt liefert sich Kassandra der patriarchalischen Hierarchie des trojanischen Staates aus. Sie bleibt auch nach Kriegsbeginn Priesterin und Dienerin des Staates. Als Privilegierte hat sie teil an der Macht und findet Bestätigung in den Ritualen ihres Amtes.

Wie die zwiespältige Umbruchsituation zur Zeit des Vorkriegs, so ist auch die trojanische Zitadelle, in der Kassandra zur Zeit des Krieges lebt, nicht nur der Rahmen, sondern zugleich ein Abbild ihrer Situation: auch sie lebt verschanzt, beherrscht, erstarrt, dem Glauben an ein Phantom verfallen. Die Wächter, die sie mit festem Armgriff packen (81; 148), die Zensur, die Eumelos mit seiner Gefolgschaft ausübt (83; 98 f.; 119), sind auch Instanzen ihres Inneren.[52]

Da sie zugleich die Ausweglosigkeit der Situation, die durch den Krieg und durch die Machtübernahme des Eumelos entstanden ist, „sieht" (vgl. S. 73 f. dieser Arbeit), laviert sie hilflos zwischen den Alternativen:

Ihre Einsicht in die Unmenschlichkeit der Griechen stärkt ihren Patriotismus. Andrerseits empfindet sie sich, „je mehr ich das, was der Palast des Eumelos befahl, für wirklich nahm", als „entwirklicht" (101); zunehmend hat sie das Gefühl, als „Gefangene" (117) zu leben. Sie beginnt, Kompromisse zu schließen, sie leistet sich „ein kleines bißchen Trotz. Trotz, nicht Mut" (77). Sie begnügt sich mit dem „innern Vorbehalt" (102) und sagt dem Eumelos: „Aber glaub mir doch! Ich will doch das gleiche wie ihr" (120). Andererseits besucht sie, halbherzig, die Zusammenkünfte der Frauen (61 f.) und die Gespräche bei Anchises (106 ff.; 122 f.). Sie ist, obgleich sie inzwischen aufgehört hat, an die Götter zu glauben (115; 91), nicht fähig, auf das Priesteramt zu verzichten,

sondern läßt sich, fast willenlos, in einen Zustand der Depersona-
lisation treiben: ihr Ich wird „unfühlbarer" (111), sie wird gleich-
gültig („das war die Zeit, in der ich Namen schnell vergaß und
Schwierigkeiten hatte, neue zu lernen" (117)), sieht „keinen Ausweg" (130), sie hört auf zu träumen (132), gerät in „Versuchung,
nun, da nichts mehr helfen konnte, alles, auch mich selber aufzugeben und aus der Zeit zu gehn" (141), sie sehnt sich nach dem
Tod (142). Diese allmähliche Aufgabe aller Positionen, die den
Menschen ausmachen, unterscheidet Kassandra von einer Wider-
standsheldin. Sie ist nicht der „Marmorengel ohne Schmerz"[53],
als den sie frühe Kritiker getadelt haben, sondern, in ihrer Hilflosigkeit und Widersprüchlichkeit, Identifikationsfigur für solche,
die in erstarrten Institutionen leben; das „Nein", das sie der Rache der Trojaner (133) und ihrem Plan, Polyxena bei der Ermordung des Achill zu benutzen (147 f.), entgegensetzt, ist eher ein
Akt der „Freilegung der weiblichen Stimme"[54] als eine politische
Willenskundgebung: „Mein Leben, meine Stimme, mein Körper
gaben keine andre Antwort her" (152).

Kassandras Auseinandersetzung mit dem patriarchalischen
Prinzip endet erst in ihrer Gefangenschaft im „Heldengrab", wo
sie „den Verlust all dessen, was ich „Vater" nannte", als
„Schmerz" erfahren kann (150). Die einzelne Gerte, die sie aus
dem Weidengeflecht „zerrte, zupfte, bog und riß" (150), kann als
Chiffre ihrer Subjektwerdung – im Zeitdurchbruch auch angesichts des Todes – verstanden werden.

Das Ereignis ihrer „Wiedergeburt" (61)[55] in den Höhlen am
Skamander sieht Kassandra als Wiedereinströmen der „Gefühle
in die verödeten Seelenräume" (61); sie findet sich „mit wieder-
belebtem Herzen, das der Schmerz erreichte" (144); sie beginnt
wieder zu träumen (144 f.); sie erfährt: „Bis hierher reichte die
Zitadelle nicht" (153).

Der Weg Kassandras führt aus der noch matriarchalisch geprägten Kindheit über den ‚Zwiespalt' der Adoleszenz (vgl. S. 81
dieser Arbeit) und die Priesterschaft unter dem Gesetz der Zitadelle bis zu ihrer Loslösung aus der patriarchalischen Welt – ent-
wicklungspsychologisch verstehbar als Annahme weiblicher
Identität, wobei Bilder und Kommunikationsformen des frühen
Matriarchats verwandelt wieder aufgenommen werden[56] – und
der Teilhabe an den vielfältigen Beziehungsformen einer herr-

schaftsfreien Gemeinschaft.[57] Er bildet die ontogenetische Entsprechung zu dem phylogenetischen dialektischen Schema, wie es – am Beispiel Troja – S. 54 dieser Arbeit entwickelt wurde. Bei Trojas Untergang weigert sich Kassandra, dem Aineias zu folgen, der, wie sie weiß, „ein Held" werden wird (160). In der Situation vor dem Löwentor, als die Todesangst von ihr Besitz ergreift (26 f.), der Schmerz ihr Gedächtnis aufschließt (8) und sie fähig wird zu „verspäteten Geständnissen" (30), vollendet sich, in den wenigen Stunden ihres Erinnerungsmonologs, ihre innere Geschichte.

5.5
Angst und Schmerz   *„Ich hab ein Angst-Gedächtnis"(123)*

Welchen Stellenwert, frage ich Dich nun, hat die Angst …, die nackte, blanke Angst, mit der eine gliederschlotternd und schlaflos allein ist, die keiner ihr glaubt: Welchen Stellenwert hat diese Angst, die andauert, in den Lehrbüchern der Werke-Ästhetik, in denen es ja um Selbst- und Stoffbeherrschung geht? (VeE 153)

Diese Frage, die Wolf an exponierter Stelle der Frankfurter Vorlesungen – am Schluß der vierten, kurz vor dem Beginn der Kassandra-Erzählung selbst – stellt, mutet etwas rätselhaft an: Was hat die Angst mit der Werke-Ästhetik, was hat sie mit dem Erzählen zu tun?

Kassandras Monolog ist ein Sich-Erinnern unter dem Druck der Todesangst. Durch die Angst werden alle Errungenschaften ihrer Person in Frage gestellt (26), und aus dem verzweifelten Ringen zwischen reflektierendem Bewußtsein und kreatürlicher Todesangst, in dem sich der Zusammenhang der Sprache auflöst (28), ergibt sich der erste große Zeitdurchbruch, der ein breites Feld der Erinnerung freilegt (Tafel II). Indem Kassandra sich auf die Angst einläßt, kann sie sich erinnern; ganz deutlich wird die sprachauflösende und Erinnerung aufschließende Wirkung der Todesangst nochmals am Beginn des Krieges: „Jetzt noch, kurz eh ich selbst geschlachtet werde und die Angst die Angst die Angst mich zwingt zu denken – jetzt noch weiß ich jede verfluchte Einzelheit vom Tod des Bruders Troilos" (84 f.; zum Zeitdurchbruch vgl. Tafel II).

Aber die Angst ist in einem noch fundamentaleren Sinn Auslöserin des Erzählens:

Mir kommt der Gedanke, insgeheim verfolge ich die Geschichte meiner Angst. Oder, richtiger, die Geschichte ihrer Entzügelung, noch genauer: ihrer Befreiung. Ja, tatsächlich, auch Angst kann befreit werden, und dabei zeigt sich, sie gehört mit allem und allen Unterdrückten zusammen (42).

Erzählen hieße also: erinnernd die Verbindung zu den eigenen unterdrückten Ängsten herstellen und diese freilegen (vgl. DA 74; 829).[58]

Es sind ganz bestimmte, für die Wechselwirkung zwischen politischer und persönlicher Entwicklung zentrale Stellen der Vergangenheit, die durch das Reiz- und Schlüsselwort „Angst" erreicht werden. An die oben zitierte Passage über die „Geschichte meiner Angst" schließt sich die Erinnerung an die Ausfahrt des 2. Schiffes, das Hekabe „eine Angstpartie" (42) nennt. Berichtet wird über den Streit des Königspaars im Megaron: ist die Königsschwester Hesione – so Hekabe – von dem Griechen Telamon rechtmäßig zu seiner Frau gemacht oder – so Priamos – ist sie entführt worden, so daß es die Ehre gebietet, sie zurückzuerobern? Einer matriarchalisch friedlichen Interpretation steht die aggressive des Priamos gegenüber, der sich hier erstmals offen für patriarchalische Werte entscheidet.

Seine zwiespältigen Gefühle übertrugen sich auf mich, verdichteten sich zu einer Empfindung, die ihren Sitz in der Magengrube zu haben schien, eine vibrierende Spannung, die ich durch Parthena ... „Angst" nennen lernte (43).

Kassandras Angst, die sie hier wiederbelebt, bezieht sich auf den Widerstreit männlicher und weiblicher Tendenzen und auf den Sieg des patriarchalischen Prinzips: die Aussendung des 2. Schiffes. In dieses kriegsauslösende Ereignis verflochten ist eine persönliche Episode: Als Aineias, „im Sinn des Königshauses" (43), seinem mit dem Schiff ausfahrenden Vater „Hesione oder den Tod!" zuruft, unterdrückt Kassandra ihr Grauen und zwingt sich, Aineias zu bewundern. Sie hat „zwiespältige Gefühle" und „Träume ..., in denen ich Lust empfand, wenn er mich bedrohte" (44). Als Möglichkeit ist die masochistische Unterwerfung, Pendant zur männlichen Unterdrückung, auch Kassandra nicht fremd: „Ich könnte wohl Auskunft darüber geben, wie Abhängigkeit und Angst entstehen" (44).

An dieser Sequenz ist schon deutlich geworden, was das Wort „Geschichte meiner Angst" (42) bedeutet: In der „Entzügelung" (42) vergangener Angst ihren Kern, jenen „Zwiespalt", freizulegen, in dem Herrschaftsdenken und Aggression, Unterwerfung und Abhängigkeit angefangen haben – in der politisch-sozialen wie in der persönlichen Entwicklung. Beides ist hier eng miteinander verbunden. „Befreiung der Angst" hieße also: den Kriegsbeginn in sich selbst aufzuspüren.

Das ist auch der Sinn einer andern, S. 17 f. dieser Arbeit ausführlich analysierten Passage, in der Kassandra am Leitfaden des Reizworts „Angst" zu den eigenen unverarbeiteten Problemen vorstößt. Anchises hat Kassandra erklärt, wie Eumelos den Krieg in Gang hält.

> Ja, ja, ich sah es ... Also hätte man früh dem Übel wehren müssen, als es noch nicht „Krieg" hieß. Hätte Eumelos nicht aufkommen lassen dürfen. Hätte – wer denn. Der König. Priamos, der Vater. Der Zwiespalt blieb mir. Von Eumelos war er auf König Priamos verschoben. Und in dem Zwiespalt saß die Angst (123).

Eumelos die Schuld am Krieg zuzuschreiben, ist leicht. In Priamos, dem Vater, dessen „Lieblingstochter" Kassandra war, muß sie sich selbst angreifen: „Wie schwer es bis zuletzt die Sätze haben, die mich angreifen" (61); („Schön, sagte Arisbe ... Und wie steht es mit dir?" (74); „‚Achill das Vieh' sagt sich um so vieles leichter als dies Wir" (139)).

Den Priamos-Komplex in sich selbst zu überwinden, ist Kassandra erst imstande, als sie, gefangen im „Heldengrab", den Schmerz zulassen kann „um den Verlust all dessen, was ich „Vater" nannte" (150).

Ähnlich wie die Angst hat der Schmerz eine gedächtnisaufschließende Wirkung: „Ich mache die Schmerzprobe", sagt Kassandra am Anfang ihrer Erinnerungen. „Wie der Arzt, um zu prüfen, ob es abgestorben ist, ein Glied ansticht, so stech ich mein Gedächtnis an" (8).

Wo Angst und Schmerz zugelassen werden, da verflüssigt sich die Erinnerungssubstanz. Die Pose der Königstochter („Die Tochter des Königs hat keine Angst, denn Angst ist Schwäche und gegen Schwäche hilft ein eisernes Training" (42)) ist verschwunden. In der „schmelzenden Angst" (124), in der Kassandra jeden Zug des Gesichts von Polyxena vor sich „sieht", in der sie damals „sah", „daß es mit ihr, der Schwester, schlecht ausgehn mußte" (124), verschmilzt gegenwärtige Angst mit vergangener. Die „wunden Punkte" (DA 770), Verkapselungen von Haß, Neid, Unterdrückung, werden in Angst und Schmerz freigelegt.

Das alles gilt auch für die Erinnerung der Autorin Christa Wolf an ihre Figur. Sie fragt in den Frankfurter Vorlesungen: „Besteht ihre [Kassandras] Zeitgenossenschaft in der Art und Weise, wie sie mit Schmerz umgehn lernt? Wäre also der Schmerz – eine besondre Art von Schmerz – der Punkt, über den ich sie mir anverwandle, Schmerz der Subjektwerdung?" (VeE 89).

Ich war ausgegangen von der Frage, was die Angst mit dem Erzählen zu tun hat. Nichts offenbar mit dem Erzählen nach den Maßstäben der Werke-Ästhetik, in der es um „Selbst- und Stoffbeherrschung" (VeE 153) geht. Die „nackte, blanke Angst", der „Schmerz der Subjektwerdung" sind Handhaben einer andern Ästhetik, zu deren Sprecherin sich, im Namen Christa Wolfs, Kassandra macht: „Ich hab ein Angst-Gedächtnis. Ein Gefühls-Gedächtnis" (123).

Von besonderem Interesse sind in der mythologischen Erzählung *Kassandra* die Träume. Es werden nur von den wichtigsten Personen in den entscheidenden Situationen Träume berichtet: Kassandras Träume beim Tod des Aisakos, bei der ersten Trennung von Aineias, bei ihrer Initiation, im ersten Kriegsjahr, bei den Frauen am Skamander; Hekabes Traum vor der Geburt des Paris; Priamos' Traum bei Kriegsbeginn; kurze Träume Hektors, als er zum „Ersten Helden" (106) aufgebaut werden soll, Polyxenas vor ihrer Vereinigung mit Andron.

In den Traumbildern spiegeln sich in verschobener Form abgewehrte Wünsche und Ängste der Personen.

In einigen Träumen wird mythologisches und autobiographisches Material aufgegriffen, verändert, ausgestaltet.

Fast alle Träume werden in der Erzählung von immer wieder anderen Personen, manchmal kontrovers, gedeutet und damit festgelegt, verfälscht, interpretiert, facettiert.

So stellen die Träume Schaltstellen der untergründigen Assoziationsbahnen des Textes, Knotenpunkte werkimmanenter und übergreifender Symbolik dar. In ihrer gleichsam unerstarrten polyvalenten Bildlichkeit bieten sie einen attraktiven, wenn auch nicht ungefährlichen Zugang zu dem Werk.

Es kann in dieser Studie nicht darum gehen, die Träume zu „analysieren" oder festlegende Deutungen anzubieten. Vielmehr sollen die nachfolgenden Bemerkungen zu den einzelnen Träumen, indem sie das mythologische, autobiographische und textimmanente Material ausbreiten und auf bestimmte in den Träumen sich niederschlagende primäre Erlebnismuster aufmerksam machen, gerade die Funktion der Träume als offener Rezeptionsangebote hervorheben.

6.1
Der Traum der Hekabe (59)

Hekabe träumt vor der Geburt des Paris, „sie gebäre ein Holzscheit, aus dem unzählige brennende Schlangen hervorkrochen" (59). Den Inhalt dieses Traumes hat Christa Wolf fast wörtlich aus

Ranke-Graves' *Griechischer Mythologie* übernommen (RG 159f),
seine Deutung wird von ihr verändert und erweitert. Neben die
traditionelle Deutung, das Kind werde der Untergang Trojas sein
(bei Wolf fehlt der Auftrag des Sehers, das Kind zu töten), tritt
bei Wolf eine andere, die ganz ihr Eigentum ist. Sie wird von Hekabe bei Arisbe eingeholt und lautet: „daß dieses Kind ... dazu
bestimmt sein könnte, die Schlangengöttin als Hüterin des Feuers in jedem Hause wieder in ihre Rechte einzusetzen" (59). Damit hat Arisbe, die im kulturellen Kontext des Matriarchats steht,
dem Symbol des Feuers eine positive Bedeutung (wärmendes, le-
bendiges Herdfeuer) gegeben.[59] Ähnliches läßt sich für das Symbol der Schlange zeigen; Wolf hat auf ihrer Griechenlandreise die
„Schlangengöttin" als weibliche Urgottheit erlebt („Schlangen, die
Attribute der alten Muttergöttin Gaia" (VeE 111; vgl. VeE 79; 86;
100)).

Der patriarchalischen Deutung des Kalchas, die auf Krieg und
Untergang vorausweist, steht die matriarchalische der Arisbe gegenüber, die auf eine Wiederkunft des Matriarchats deutet.

6.2
Der Traum des Priamos (78)

Diesen Traum hat Priamos unmittelbar vor Kriegsbeginn, nach
der Rückkehr des 3. Schiffes und bevor Paris wieder nach Troja
kommt. Er handelt von einem Kampf zweier Drachen, eines ge-
panzerten, unverletzlichen, unbewaffneten und eines mit einer
scharf geschliffenen Lanze ausgerüsteten, haßerfüllten, jedoch
verletzlichen.

Es liegt nahe, den Traum auf die beiden gegnerischen Parteien
zu beziehen: dabei wird Troja mit seinen Befestigungsanlagen
mehr als der gepanzerte Drache, die angreifenden Achaier als der
bewaffnete erscheinen. So deutet Panthoos (oder ist das bereits
Priamos, der Kassandra die Deutung des Panthoos erzählt?) den
Traum, und Priamos folgert aus der Konstellation die mögliche
Unterlegenheit des einen Kontrahenten: „Bewaffnen muß ich
mich, um meinen tückischen und schwerbewaffneten Feind zu
überwältigen. Den Waffenschmieden hab ich schon befohlen,
ihre Produktion zu steigern" (78). Unmerklich ist das die Situation vor Kriegsbeginn widerspiegelnde Bild vom angreifenden

85

und vom sich verteidigenden Gegner zum Auslöser eines eskalierenden Rüstungswettlaufs geworden. Anders deutet Kassandra den Traum: „Du liegst, sagte ich dem Vater, mit dir selbst im Widerstreit. Hältst dich selbst in Schach. Lähmst dich" (78). Sie lokalisiert den Widerstreit von Aggression und Verschanzung im Innern des Königs, dessen zwiespältige Haltung eine der Ursachen des Krieges ist.

Die Deutungen des Panthoos (mit den Folgerungen des Priamos) und der Kassandra werden dem Leser ohne weiteren Kommentar zur Wahl gestellt; er sieht sich veranlaßt, über den Zusammenhang innerer und äußerer kriegsauslösender Eskalationen nachzudenken.

6.3
Kassandras Krötentraum (52)

Die Geschichte von Aisakos, der sich nach dem Tod seiner Frau Asterope ins Meer stürzt und in einen Tauchvogel verwandelt wird, gehört der Tradition an (RG 158 m. n); neu ist bei Wolf, daß Kassandra als Kind ihren Halbbruder Aisakos liebt und daß Asterope im Kindbett stirbt. Damit hängt Kassandras frühester Traum zusammen, der ebenfalls Wolfs Eigentum ist:

> Jenes Kind der Asterope und des Aisakos, das mit seiner Mutter zusammen bei der Geburt gestorben war, wuchs in mir. Als es reif war, wollte ich es nicht zur Welt bringen, da spie ich es aus, und es war eine Kröte. Vor der ekelte ich mich (52).

Dieser „primäre" Traum Kassandras kann wohl nur psychoanalytisch interpretiert werden. Ich beschränke mich darauf, auf einige vorliegende psychoanalytische Deutungen hinzuweisen.

Für W. Mauser 1985 steht der Krötentraum im Zusammenhang mit der von ihm herausgestellten sadomasochistischen Persönlichkeitstruktur der Kassandra, jenem „Hervorbringen müssen, was einen vernichten wird" (K 71), oder, mit einem Wort der Günderode „Was mich tötet, zu gebären" (KON 97). Das Tier erscheint dann als Verkörperung des sadomasochistischen Komplexes –: der Angst vor Gewalt und dem Wunsch, sich dieser Angst auszusetzen.

B. Greiner 1985 sieht die Beziehung Kassandras zu Aisakos als symbiotische Primärbeziehung, die durch das Dazwischentreten der Frau des Aisakos, Asterope, und durch seinen Tod zerbricht.[60] Mit Lacan deutet Greiner diese Erschütterung der Primärbeziehung als „Eintritt in die Ordnung der Sprache ...", die Welt des verbietenden, trennenden Gesetzes" (Greiner 138). In der Kröte sieht Greiner den Signifikanten „für den Schock der Erschütterung des Zustands primärer Liebe, diese als Entzug festhaltend" (Greiner 139).

Für T. Keller 1985, der den ‚bildhaften Zusammenhang von Speichel, Ekel und Wissen' durch die Erzählung verfolgt, ist die Kröte „der mit dem Tier gemeine Teil" Kassandras, „ihre Gebärfähigkeit, ihre Naturnähe, ... der biologische Zwang"; mit der Kröte speie Kassandra „die Angst vor der eigenen Natur" aus (Keller 172).

Keiner der Interpreten ist auf die Deutung des ‚uralten Traumdeuters' Merops eingegangen, der der Hekabe empfiehlt,

aus der Nähe dieser Tochter alle Männer zu entfernen, die Aisakos ähnlich sähen. Wie er sich das vorstellte, soll Hekabe den Alten zornig gefragt haben (52).

Aisakos ist ein (matrilokaler) Sohn des Priamos. In den Worten des Sehers ist auf einen ödipalen Aspekt des Traumes (Kassandras Liebe zu Priamos, Helenos, Paris, Aisakos) angespielt, dessen Bedeutung sich im Umbruch zur patriarchalischen Ordnung gewandelt hat.

6.4
Kassandras Schiffstraum (22)

Gegen Abend schlief ich ein, ich weiß noch, ich träumte von einem Schiff, das den Aineias über glattes blaues Wasser von unserer Küste wegführte, und von einem ungeheuren Feuer, das sich, als das Schiff sich gegen den Horizont hin entfernte, zwischen die Wegfahrenden und uns, die Daheimgebliebenen, legte. Das Meer brannte. Dies Traumbild seh ich heute noch (22).

Dieser Traum, den Kassandra nach den Ereignissen der Tempelprostitution und dem nicht vollzogenen Beilager mit Aineias träumt und dessen Wiedergabe deutlich an das gegenwärtige Bewußtsein Kassandras gebunden ist („ich weiß noch"; „seh ich heute noch"), hat in der Tradition kein Vorbild.

Das Schiff – so A. Bennholdt-Thomsen 1986 – ist ein komplexes autobiographisches Symbol, dessen heterogene Konstituenten (KdF-Schiff ‚Wilhelm Gustloff' – Kreuzer ‚Leipzig' – Panzerschiff ‚Deutschland' – Sommeraufenthalt an der Ostsee – „Krieg" – Trennung von der Mutter) für Christa Wolf während der Erinnerungsarbeit für den Roman *Kindheitsmuster* faßbar wurden. Bennholdt-Thomsen hat gezeigt, wie das Motiv in *Kindheitsmuster* und *Kassandra* eine private (Trennung von der Mutter – Trennung von Aineias) und eine politische Komponente hat („Man muß nämlich wissen, daß das Reizwort „weißes Schiff" nicht nur Kriegsangst bedeutete, sondern auch noch Heimweh" (KM 136)) und wie es – ausdrücklich in *Kindheitsmuster* – unter dem Doppelaspekt des Schönen und Schrecklichen steht:

> Das weiße Schiff ist ein unheimliches und beängstigendes Motiv, zugleich aber ist es ein leuchtendes sommerliches Bild ... Es fuhr unter wolkenlos blauem Himmel in einem leicht bewegten, ebenfalls blauen Wasser ... und es war sehr schön und bedeutete Krieg (KM 135).

Ort des autobiographischen Symbols ‚Schiff' ist in *Kindheitsmuster* das 7. Kapitel, das vom „Vorkrieg" handelt. Bereits dort erscheinen neben dem Schiffs-Symbol (das auch als untergründige Chiffre den Text durchzieht: Luftschiff ‚Hindenburg' (KM 146); „Papierschiffchen auf dem breiten Strom Lethe" (KM 148)) die Symbole Wasser (Ostsee (KM 136 ff.); der Fluß Warthe, in dem Nelly schwimmen lernt und in dem („im gleichen Fluß ... Fluß bleibt Fluß" (KM 146)) Horstel Elste ertrinkt) und Feuer („Zwei Brände beschließen dieses Kapitel" (KM 149) –: der Brand der Synagoge, Nellys Erlebnis des historischen Ereignisses ‚Kristallnacht' und der „Rohrsesselbrand ... in Jordans Kinderstube" (KM 152) –: ein politisches und ein privates Ereignis; und als Chiffre „Tante Lisbeth legt ihre Hand dafür ins Feuer" (KM 136); „die Füße ins Feuer" (KM 149)). Die drei Symbole Schiff, Wasser, Feuer sind also bereits im autobiographischen Kontext von *Kindheitsmuster* miteinander verknüpft und von ambivalenter Bedeutung (öffentlich – privat; schön – schrecklich).

Auch Kassandras Traum ist nicht nur ein Angsttraum, der auf die Trennung von Aineias und die Zerstörung Trojas vorausdeutet, er enthält auch Elemente von Hoffnung.

Wie das Schiffssymbol (in Verbindung mit den drei Schiffsexpeditionen) eine bedrohliche und (als erinnerungsauslösende Chiffre (41; 51)) eine hilfreiche Seite hat, so auch die beiden archetypischen Symbole Wasser und Feuer:

> Daher kann das Feuer sowohl innere Lebendigkeit und Glück als auch Angst, Machtlosigkeit und eigene destruktive Neigungen symbolisieren. Das gleiche gilt für das Symbol Wasser.[61]

In Wolfs Version des Traums der Hekabe wird eine matriarchalische Deutung einer patriarchalischen gegenübergestellt. Ähnlich ambivalent erscheint Kassandras Schiffstraum, wenn Parthena, als sie ihn erfährt, ,erbleicht' und „Kybele hilf!" (23) flüstert. Auf dieser Stufe, „mitten im Frieden" (22), in einer zwischen Matriarchat und Patriarchat noch unentschieden schwebenden Situation, ist die Deutung des Traumes offen; Kybeles Hilfe könnte die Heraufkunft des Patriarchats verhindern. Als Ausspruch Parthenas nach Trojas Fall zeigt das „Kybele hilf!" (23) – Scharnier des Zeitebenenwechsels – dann allerdings, daß der negative Aspekt des Traums sich erfüllt hat.

6.5
Kassandras Traum von Apollon (19)

Dieser Traum[62], den Kassandra in der Nacht vor ihrer Priesterweihe träumt, geht unmittelbar auf eine Passage aus dem aischyleischen *Agamemnon* zurück; Wolf hat sie in den Frankfurter Vorlesungen zitiert:

> Kassandra: Es gab Apollon mir, der Seher, dieses Amt.
> Chor: Apoll, sagst du? Dann … liebte dich der Gott?
> Kassandra: Ein Ringer, der beim Kampfe stöhnt:
> Blind vor Begierde warb Apoll um mich.
> Chor: Du … warst vereint mit ihm?
> Kassandra: Nein, ich versprach es ihm. Jedoch – ich log.
> Chor: Und warst schon Seherin?
> Kassandra: Ja, schon verhieß ich meinem Volke jedes Leid.
> Chor: Und wie bestrafte dich der Gott?
> Kassandra: Was ich auch sagte: niemand glaubte mir (VeE 16).

Ranke-Graves berichtet,

> daß Kassandra eines Tages im Tempel einschlief. Da erschien Apollon und versprach ihr, sie die Kunst der Prophezeiung zu lehren, wenn sie

mit ihm schliefe. Nachdem Kassandra die Bedingung angenommen hatte, bedauerte sie ihr Versprechen. Doch Apollon bat sie um einen Kuß, und als sie dies gewährte, spie er ihr in den Mund; damit ging er sicher, daß ihr niemand eine Prophezeiung glauben würde (RG 158 q).

Christa Wolf hat ihre mythologischen Vorlagen (daß sie auch Ranke-Graves benützt hat, zeigt die Traumsituation und das In-den-Mund-Speien) in bedeutsamer Weise verändert und ausgestaltet:

1. Nirgendwo in der griechischen Mythologie ist vorgegeben, daß Apollon in zweifacher Gestalt[63] erscheint – einmal als „Apollon im Strahlenglanz, wie Panthoos ihn mich sehen lehrte", einmal als „Wolf ..., der von Mäusen umgeben war" (19).

Der strahlende Apollon hat Ähnlichkeit mit Panthoos, dem Oberpriester griechischer Herkunft. „Der Sonnengott mit der Leier, blau, wenn auch grausam, die Augen, bronzefarben die Haut" (19) – wie es etwas plakativ und nicht ohne Ironie heißt – das ist der patriarchalische (VeE 142), „‚strahlende', ‚fernhintreffende' aus dem klassischen griechischen Götterhimmel" (VeE 144). Daneben „Apollon Lykeios. ... Der Gott der Wölfe und der Mäuse" (20), den Hekabe verleugnet und von dem Parthena „dunkle Geschichten" weiß, die Kassandra nicht weitersagen darf.

2. Auch die Geschichte selbst wird von Christa Wolf anders erzählt: In den mythologischen Quellen verspricht Kassandra dem Apollon, mit ihm zu schlafen, wenn er ihr die Sehergabe verleiht. Als Kassandra ihr Versprechen nicht hält, bestraft sie der Gott, indem er verfügt, daß niemand ihren Prophezeiungen glaubt.

In Wolfs Version fehlt Kassandras Versprechen.[64] Kassandra erinnert sich, daß „Apollon im Strahlenglanz" ihr „durch eine beiläufige, ich wagte nicht zu fühlen: enttäuschende Geste" (19) die Sehergabe verliehen hat, „nur um sich mir dann als Mann zu nähern, wobei er sich – ich glaubte, allein durch meinen grauenvollen Schrecken – in einen Wolf verwandelte" (19). Kassandra wird durch Christa Wolf exkulpiert: der Gott hat sie überrumpelt. Seine Verwandlung in einen Wolf ist möglicherweise Ausdruck ihres Schreckens, ihrer „Angst", sich „mit ihm zu vereinigen" (20). Daß niemand Kassandras Prophezeiungen glauben wird, ist bei Wolf nicht Teil des Traums, sondern Deutung Marpessas (29; vgl. 124; 158; DA 903; 918).

3. Schon in den mythologischen Vorlagen, insbesondere aber

in Wolfs Erzählung, geht es bei Kassandras Begegnung mit Apollon um eine Initiation, die Begabung mit einer Kunst, die Einführung in einen Beruf, die Erfahrung der Sexualität. Durch die Zweigestalt des initiierenden Gottes, der einmal als strahlender Lichtgott[65], einmal als Wolf – „dunkler" Apollon (VeE 99) erscheint, wird der Traum bei Christa Wolf zu einer hochkomplexen und beziehungsreichen Schlüsselszene. Er verweist, als Wunsch- und Abwehrtraum, in Glanz und Grauen, Hochgefühl und Enttäuschung, Begehren und Abscheu auf den kulturellen Zwiespalt, die doppelte Moral, vor die die heranwachsende Kassandra sich gestellt sieht.

6.6
Kassandras Traum von Sonne und Mond (102 f.)

Diesen Traum hat Kassandra am Beginn des Krieges, vor ihrem Zusammensein mit Aineias. Der Traum hat kein mythologisches Vorbild, aber natürlich denkt man an Bachofens These, wonach der Mond Zeichen der matriarchalischen, die Sonne Zeichen der patriarchalischen Welt ist. Die mythologischen Spekulationen in den Frankfurter Vorlesungen zeigen, daß Wolf diese These rezipiert hat, wenn sie von Kassandras Sehertum sagt, daß es

einst in enger Beziehung zur Mondgottheit stand und nicht im Dienst des Licht- und Sonnengotts Apoll, der weit jünger ist als Hekabe, Selene, Helena, Helenos, Kassandra und schon zu den mythologischen Reflexen jener patriarchalischen Umwertung der Werte gehört (VeE 134).

Hauptinhalt des Traums ist ein „Wettkampf" zwischen Sonne und Mond, bei dem Kassandra „Schiedsrichterin" (102) sein soll – vielleicht ein Reflex des Parisurteils, der mythologischen Kriegsursache, die Wolf in ihrer Erzählung ausgespart hat. Immerhin ist, wie gezeigt worden ist, das patriarchalische Prinzip von Konkurrenz und Wettkampf (eskalierendes Rachedenken; Wettkampf des Paris mit seinen Brüdern im Stadion) auch in Wolfs Erzählung Kriegsursache geblieben. Im Traum geht es um die Konkurrenz zwischen männlichem und weiblichen Prinzip: Kassandra soll entscheiden, welches Gestirn heller strahlen kann.

Das „Verkehrte" an diesem Wettkampf – aber das durchschaut erst die Traumdeuterin Arisbe – ist, daß die Frage selbst sinnlos ist, weil Kassandras Entscheidung – für Konkurrenz, Wettkampf, Patriarchat – schon gefallen ist, als sie sich auf das Schiedsrichteramt eingelassen hat. Darauf deutet auch das Ambiente des Traums: eine Stadt, größer als Troja; im Bereich der Zivilisation scheint kein anderes Verhalten möglich.

Der Traum spiegelt die paradoxe Situation der Frau in einer von männlichen Wertvorstellungen beherrschten Welt; Wolf hat dieses Problem in ihren theoretischen Arbeiten immer wieder reflektiert: „Sollen Frauen es sich überhaupt wünschen, ... in jene hierarchisch funktionierenden Apparate eingegliedert zu werden?" (DA 207); „Frauen, die es in der Mehrzahl nicht leicht haben, den blinden Fleck, den Mythos, den ihre Gesellschaft um sich verbreitet, zu durchdringen" (DA 936; vgl. DA 206; 608; 619). In dem Traum der Kassandra, die als Priesterin eingepaßt ist in das patriarchalische System, gefangen in der kulturellen Beziehungsfalle, kündigt sich eine Erkenntnis an, die ihr erst die Deutung Arisbes zum Bewußtsein bringt: „War denn der Mond zum Hellerstrahlen überhaupt bestimmt? Wer gab mir solche Fragen ein? So war ich, wenn ich Arisbe recht verstand, berechtigt, ja vielleicht verpflichtet, sie zurückzuweisen" (103).

Die Aussage dieses intellektuellen Traums der erwachsenen Kassandra ist, wenn man die Bedeutung seiner durch die Mythologie bestimmten Bilder versteht, eindeutiger als die ihrer früheren Träume.

6.7
Kassandras Traum von Rot und Schwarz (144 f.)

Dieser Traum gehört, als einziger von Kassandras Träumen, der Welt der Höhlen am Skamander an. Kassandra träumt ihn „nach so vielen traumlos wüsten Nächten" (144). Er hat kein mythologisches Vorbild und bleibt ohne Deutung; durch ein äußeres Ereignis – Hekabes Hilferuf – wird er abrupt beendet.

Viele seiner Bilder sind Knotenpunkte in einem Netz kontextueller Bezüge.[66] „Farben sah ich. Rot und Schwarz" (144). Rot und Schwarz sind auch die Farben, mit denen Kassandra in den Höhlen ihre Tongefäße bemalt (154); das Wort Traum wird dort im nächsten Satz assoziiert. Rot und Schwarz stehen für den Gegensatz von Leben und Tod, der aber nicht antagonistisch, sondern komplementär gesehen wird: „Sie durchdrangen einander, kämpften nicht miteinander" (144). Die gleiche Struktur hat das „Dritte", das die Griechen, für die es nur „Wahrheit oder Lüge, richtig oder falsch, Sieg oder Niederlage, Freund oder Feind, Leben oder Tod" gibt, nicht begreifen können, weil sie es „zwischen ihren scharfen Unterscheidungen zerquetschen" (124 f.) –: „das lächelnde Lebendige, das imstande ist, sich immer wieder aus sich selbst hervorzubringen, das Ungetrennte" (125). In ihm sind die Gegensätze in einer beständigen dialektischen Bewegung gedacht: „Andauernd ihre Gestalt verändernd, ergaben sie andauernd neue Muster" (145). Diese bewegten Muster können in der Natur (Wasser, Meer) oder im künstlerischen Prozeß aufscheinen: „Ich erfand ein Muster" (154). Gemeint ist hier, auf dieser ‚dritten' Stufe erreichter weiblicher Identität, auch der Ansatz „weiblichen Schreibens", über den Christa Wolf in einem Gespräch über die Erzählung *Kassandra* sagt: „Die Form des Gewebes, des gleichzeitigen Zeigens von vielen Fäden, die zusammen ein Muster ergeben" (DA 914).

„Ellipse und Pleonasmus, Hyperbaton und Syllepsis, Rückgriff, Wiederholung und Apposition sind syntaktische Verschiebungen, ... in denen Freud uns die ... Intentionen lesen lehrt, mit denen das Subjekt seine Traumrede schmückt" (Lacan, Schriften 1, 107)

Die Erzählung *Kassandra* hat keineswegs eine einheitliche Stillage. Ihr größter Teil ist in einem mittleren Stil geschrieben, der sich immer wieder, in besonderen Situationen verdichtet, in eine höhere Stillage erhebt, die mit Hilfe weniger, immer wiederkehrender Stilmittel erzielt wird. Daneben gibt es aber, vor allem in den Personenreden, einen breiten Einstrom niederen Stils.

Beim Versuch, den hohen Stil der Erzählung zu beschreiben, gehe ich aus von ihrem Beginn, der auf betont hohem Niveau ansetzt, und gebe ergänzende Beispiele aus der übrigen Erzählung. Zur Kennzeichnung der stilistischen Besonderheiten verwende ich Begriffe der antiken Rhetorik, die ich aus praktischen Gründen in folgenden Gruppen einteile: Figuren der Kürze, der Umstellung, der Wiederholung und Häufung, des Appells. Es wird sich zeigen, daß gerade diese Stilmittel den offenen, die Teilnahme des Lesers herausfordernden Stil der Erinnerungsprosa wesentlich mitprägen.

1. Schon in den beiden ersten Sätzen greifen wir ein wesentliches Kennzeichen des hohen *Kassandra*-Stils: die Kürze (Brachylogie): „Hier war es. Da stand sie. (vgl. „Marpessa schweigt" (6); „Ich sagte: Nein" (133); „Das Licht erlosch. Erlischt. Sie kommen" (160)). An Höhepunkten der Handlung begegnen immer wieder äußerst knappe, aufs Wesentliche reduzierte Sätze.

Der Eindruck der Verknappung wird auch, wenig später im ersten Abschnitt, durch die Auslassung von Satzteilen (Ellipse), meist des Verbs, hervorgerufen: „Unverändert der Himmel"; „Nah die zyklopisch gefügten Mauern"; „Der gleiche Himmel über Mykenae wie über Troia" (vgl. „Jetzt kann ich brauchen, was ich lebenslang geübt" (11); „Keine Frage, wer mich hingeführt" (25); „Ich fühllos lange Zeit" (88)).

Elliptisch verkürzt wirken auch Satzglieder, die statt durch Komma oder Semikolon durch einen Punkt voneinander getrennt sind und dadurch den Charakter unvollständiger, aus dem Beziehungssatz zu ergänzender Einzelsätze annehmen: „... Mauern, ... die dem Weg die Richtung geben: zum Tor hin ... Ins Finstere. Ins Schlachthaus" (vgl. „Ich aber. Ich allein sah" (70); „Leben soll sie, sagte Kalchas. Überleben. Mehr nicht. Leben um jeden Preis" (95); „Sie hinderten mich nicht, daß ich vollkommen in mir selbst verschwand. Nicht sprach. Kaum aß. Mich beinahe nicht bewegte. Zuerst nicht schlief" (143)).[67]

Zu unterscheiden von solchen eigentlich zugehörigen, nur durch Punkte abgegrenzten Satzteilen sind die unabhängigen unvollständigen Sätze, Assoziationspartikel, die – im Gegensatz zur Ellipse – nicht ohne weiteres zu ergänzen sind, weil in ihnen gerade der Kern der Aussage fehlt (Aposiopese) – in unserem Beispiel das „und allein" am Ende des ersten Abschnitts, das, als mögliches Scharnier des Personenwechsels (die Autorin? Kassandra?) in seiner Beziehung offen bleibt. (vgl. „Blitzschnell stieß ich nach. Dreifaches Schweigen" (56); „Nichts von alledem" (84); „Die Weide, mein letzter Sitz" (91)).

Mit unter die Stilmittel der Kürze können die Appositionen mit präsentischem Partizip gerechnet werden, weil sie einen finiten Relativsatz vertreten: „als ich, an längerer Leine hängend als die anderen Verschleppten"; „als ich, vor ihrem Blick zurückweichend" (vgl. „Ich hatte mich, bitteren Herzens verzichtend" (34); „Hektors Schwur vertrauend, ... blieb ich" (85); „Phoibos Apollon, finster strahlend" (116)).

Zur Poetisierung des Stils trägt durch die ganze Erzählung hindurch die Elision des ‚e' vor allem bei Verben bei, die aber – auch vor nachfolgendem Vokal – nicht konsequent verwendet wird: „geh ich"; „ende ich"; „hab allmählich"; „habe ich" und (im gleichen Satz) „hab ich"; „wars"; „andres".

2. Ein weiteres Mittel anspruchsvollen Stils ist die Abweichung von der üblichen Wortstellung (Inversion). Dazu gehört – charakteristisch für die Erzählung *Kassandra* – der seinem Beziehungssubstantiv vorangestellte Genitiv vom Typ „meiner Kinder Leben" und „eines jeden Menschen Waffen" (vgl. „des Anchises langer Kopf" (38); „des Vaters Schwester" (45); „der Briseis Schreie"; „des Blutes Bande" (94)). Ganz allgemein ist jede unübliche Satz-

stellung ein Indiz für hohen Stil: „Groß vor mir stand der Klytaimnestra Rache" (63).
Das gilt auch für die nachgestellten Adjektive: „Unverändert der Himmel, ... hoch, weit" (vgl. „Herophile die Alte, Lederwangige" (126); „Hekabe ... war eine alte Frau, hohlwangig, weißhaarig" (132)).
Mit Vorliebe werden solche und andere unüblich gestellte Satzglieder in einen engen syntaktischen Zusammenhang eingefügt (Hyperbaton): „Diese steinernen Löwen, jetzt kopflos, haben sie angeblickt. Diese Festung, einst uneinnehmbar, ein Steinhaufen jetzt, war das letzte, was sie sah"; „Dem fremden Volk, das, frech und scheu zugleich, den Wagen umsteht" (6). Doppeltes und dreifaches Hyperbaton und zugleich Inversion des „nicht" zeigt der Satz: „Marpessa, sah ich, die, wie einmal schon, mit mir nicht sprechen wollte, war besser vorbereitet" (vgl. „an der in grauer Vorzeit Götter selbst, Apoll, Poseidon, hätten mitbaun müssen" (40); „Ein Ring, der äußerste, der mich umschlossen hatte, zersprang" (103); „In festen Pulks, unsicher, frech, die Griechen" (121)).
3. Charakteristisch sind weiterhin die Figuren der Wiederholung und Häufung. Daß für die Erinnerungsprosa die Wiederholung von „Reizwörtern" als Assoziationskernen konstitutiv ist, war bereits bei der Analyse der zeitlichen Feinstruktur gezeigt worden (S. 19 dieser Arbeit).
Beispiel für einen in verschiedenen grammatischen Formen vorkommenden Wortstamm (Polyptoton) ist auf der zweiten Seite der Erzählung „Seherin ... sah ... sehn ... Sehergabe ... sehn" (vgl. „sehn ... sehen ... sah ... sehen ... sah" (50)).
Ein für den hohen Stil der Erzählung wichtiges und prägendes Merkmal ist der gleichlautende Beginn von Sätzen oder Satzteilen (Anapher): „Tiefer als von jeder andren Regung, tiefer selbst als von meiner Angst, bin ich durchtränkt"; „Doch neulich nachts, auf der Überfahrt, als ... die Wetter unser Schiff zu zerschmettern drohten; ... als ich Marpessa traf ...; als ich ... mich auf sie warf; ... als ich ... hockte" (vgl. „Wenn ich das könnte. Wenn ich den Namen tilgen könnte ... Wenn ich ihn ausbrennen könnte" (12); „werd ich denn ... Werd ich denn ... werd ich ... werd ich" (28); „Ich aber. Ich allein sah" (70); „Ich will ... Ich will ... Ich will" (91)).

Eine Emotionalisierung des Stils bewirkt die Verdoppelung von Wörtern oder Satzteilen (Geminatio; am Satzanfang: Epanalepse): „nichts, nichts was ich hätte tun ... können" (vgl. „Paris. Ja. Paris. Paris und das Unternehmen DRITTES SCHIFF" (53); „schreit, schreit, schreit. Wehe, schrie sie. Wehe, wehe" (70); „Pressend, pressend" (87); „Blind, blind bin ich gewesen" (90); „Ja. Ja. Ja" (140)).

Stilprägend ist schon auf der ersten Seite die nicht durch Konjunktionen verbundene Häufung gleichgeordneter Wörter (oder Satzteile) (Asyndeton): „Sonne, Regen, Wind haben sie geschleift"; „bin ich durchtränkt, geätzt, vergiftet von der Gleichgültigkeit der Außerirdischen"; „bedenkenlos, gedankenlos" (vgl. „unzerstörbar, uneinnehmbar" (40); „Bedrohlich, gierig, wild" (41); „Dunkle Milch, bitteres Wasser, saures Brot" (71); „die Küste, mit Trümmern, Leichen, Kriegsgerät bedeckt" (85); „Stolz, königstreu, verwegen" (85)).

4. Kennzeichen hoher Stillage sind auch die verschiedenen Formen von Appellfiguren.

Am Beginn der Erzählung findet sich davon nur die (rhetorische) Frage (Interrogatio): „Warum wollte ich die Sehergabe unbedingt?" (wiederholt 11); (vgl. „Priesterin werden, um Macht zu gewinnen?" (61); „Sprach in Troia irgendein Mensch vom Krieg?" (75)).

Zeichen für höchstes Pathos ist der Ausruf (Exclamatio), meist in antikisierender Form: „O daß sie nicht zu leben verstehn" (13); „O wenn doch diese die Liebe nicht kennten" (30); „O, ich war verbohrt" (72); „Ach, er verstand es zu verschwinden" (88); „Daß er, Achill das Vieh, tausend Tode gehabt hätte ... Die Erde möge seine Asche ausspein" (98).

Häufig hat der Ausruf die Form des Götteranrufs –: rhetorische Figur auch insofern, als in Wolfs Erzählung an die Existenz der Götter nicht geglaubt wird. „Wie er laufen konnte – Götter!" (68; vgl. „ihr Götter!" (86); „Jetzt, Apoll, laß deine Priestrin nicht im Stich" (142)). Über die Anrede an Personen (Apostrophe) ist schon anläßlich des Drehpunkte des Zeitebenenwechsels (S. 20 dieser Arbeit) gesprochen worden.

Die beschriebenen Stilfiguren können als Konstituenten des „offenen" Stils der Erinnerungsprosa verstanden werden[68]: die Figuren der Ellipse und besonders der Aposiopese schaffen „Leerstellen", die vom Leser, oft mehrdeutig, zu ergänzen sind; die Inversion macht dort, wo sie als „harte Fügung" auftritt, den Stil rauh und bewirkt neue, unerwartete Verbindungen von Wörtern und Satzteilen; in den Figuren der Wiederholung realisiert sich die Fortpflanzung assoziativer Schübe –: zeitdurchstoßend und in der Verknüpfung oft disparater Einfälle; die appellativen Figuren haben generell die Tendenz, Vergangenheit und Gegenwart zu verschmelzen, insofern die Vergangenheit von der Gegenwart her emotionalisiert wird oder erinnerte Emotion in erinnernde umschlägt. Es ist deutlich geworden, wie die syntaktischen Merkmale, die wir mit den Begriffen der antiken Rhetorik beschrieben haben, Offenheit, Unbestimmtheit, mehrdeutige Verknüpfbarkeit bewirken. Die Merkmale des hohen Stils durchziehen nicht gleichmäßig den ganzen Text. Sie treten gehäuft in Abschnitten besonderer Intensität und emotionaler Beteiligung Kassandras auf, in den Episoden um das Knabenopfer, den Tod des Aisakos, die Rückkehr des Paris, das Iphigenieopfer, die Ermordung des Troilos, Achills Greueltaten, das zeitdurchbrechende Symbol der Weide und den orgiastischen Zug der Frauen nach Penthesileas Tod.

Noch stärker auf die Emotionen Kassandras bezogen sind die rhythmischen Passagen mit regelmäßigem Wechsel von Hebung und Senkung (alternierend; jambisch). Der umfangreichste dieser Abschnitte findet sich in der Mitte der Erzählung, bei der Ermordung des Troilos durch Achill (84–88). Im jambischen Pathos spiegelt sich die Empörung der Kassandra über den Krieg (vgl. 131; 158 f.), wie auch ihre Auftritte vor Priamos und dem Rat (82 f.; 89 f.; 99 f.; 147; 152) zeigen, in denen sie fordert, den Krieg zu beendigen und in denen sie ihre Teilnahme verweigert.

In jambischen Passagen ist vom Stolz (15) und vom Patriotismus (100 ff.; 116) der Kassandra die Rede, aber vor allem von ihrer Loslösung aus dem patriarchalischen System (6; 150), ihrer Selbstfindung (103; 149; 151) und ihrem Aufenthalt bei den Frauen am Skamander (143; 153).

Man hat zu wenig beachtet, daß die Erzählung *Kassandra* neben der hohen, pathetischen, zu einem großen Teil mit den Termini der antiken Rhetorik beschreibbaren und einer mittleren Sprachebene auch eine niedere, „biotische" enthält, die etwa der Kleinbürgersprache von *Kindheitsmuster* oder der heutigen

Umgangssprache entspricht. Sie kommt vor allem in den Reden der Personen vor.

Umgangssprachlich sind insbesondere die subversiven Äußerungen des Anchises, der Arisbe und der Hekabe (Anchises: „Also hör doch mal zu, Mädchen ... Die Sache ist doch ganz einfach. Da schickt man, meinetwegen dein Vater, obwohl ich bezweifle, daß er die Idee selber hatte; ich tippe auf Kalchas ... Da haben wirs schon. Ein mächtiges Schiff. Erlaube, daß ich lächle" (38; vgl. 107; 123); Hekabe (43; 45; 49; 61: „Vielleicht gar nicht so übel"); Arisbe: „anstatt ein Gesicht zu ziehn, solle ich heilfroh sein, daß es Leute gebe, die mir unverblümt die Meinung sagten ... Schon wahr, sagte ich, laß gut sein" (62; vgl. 74)). Umgangssprache findet sich aber auch in den Äußerungen des Panthoos („Dein Pech, kleine Kassandra" (18); „die sind dir über" (30); „Na und?" (89); „Ihr kriegt mich nicht" (134)); vgl. Helenos (35); Priamos („Tja, sagte König Priamos, schlimm, schlimm" (75); 82; 89; „Bildet sich was ein ... Immer die Nase hoch? Und mit dem Mundwerk vorneweg?" (147)); Paris (69 f.); Kalchas (96 f.); Eumelos und seine Palastwache (65 f.; 98; „Selbstredend seid ihr frei" (99); „Das möcht ich gerne noch mal von dir hören" (119 f.); „Du hasts erfaßt" (146)).

Aber auch Kassandra selbst partizipiert in ihren Reden und Reflexionen an dieser niederen Sprachebene, insbesondere dort, wo es um die nächsten Beziehungen ihrer konkreten Lebenswirklichkeit geht: „Nicht durch Geburt, ach was, durch die Erzählungen in den Innenhöfen bin ich Troerin geworden" (40); „Sich vordrängeln müssen" (66 f.); „Oinone das Miststück" (73); „Wie ich es ihnen zeigen wollte" (74); „Darunter tat es der kleine Bruder nicht" (76); „Seine Augen kriegt ich nicht zu fassen" (79); „Mir mußte man schon schärfer kommen" (94); „... den kannt ich doch. Der hatte doch schon mal versucht, mich anzufassen" (99); „Hektors Frau ... heulte sich die Augen aus dem Kopf" (105); „Das ging mir sehr gegen den Strich" (109); „Also was war los mit ihr" (113); „Das gab es nicht" (113; 149).

7.2
Rede- und Bewußtseinsdarstellung

„Wo lebte ich denn." (25; 59)

Bei der Analyse der Feinstruktur des Erinnerungsmonologs wurde auf Stilmittel aufmerksam gemacht, die zwischen Gegenwart und Vergangenheit vermitteln („Erinnerungsscharniere"). In dieser Funktion können auch ganze Sätze sowohl dem erinnernden wie dem erinnerten Bewußtsein angehören.

> Denn warum schrie ich, wenn ich schrie: Wir sind verloren!, warum nicht: Troer, es gibt keine Helena! Ich weiß es, wußte es auch damals schon: Der Eumelos in mir verbot es mir (81).

Der letzte Satz kann, als erlebte Rede, in der Vergangenheit gedacht sein („wußte es ... damals"), er kann aber auch die Einsicht des gegenwärtigen Bewußtseins wiedergeben („Ich weiß es").

Hier muß kurz (in der Terminologie Franz Stanzels)[69] an die verschiedenen Typen der Ich-Erzählung erinnert werden. Wenn die auktorial geprägte Ich-Erzählung durch die Distanz von erlebendem und erzählendem Ich gekennzeichnet ist, und die Bewußtseinsinhalte des erlebenden Ich von der Erzählinstanz her als vergangene dargestellt werden, ist in der personal ausgerichteten Ich-Erzählung die Erzähldistanz weitgehend aufgegeben und die Erzählinstanz dicht ans Erzählte herangerückt; das Präteritum muß, wo es Rede- und Bewußtseindarstellung ist, als „erlebte Rede" gelesen werden. Dazu das folgende Beispiel aus Max Frischs *Homo faber*: „Ich konnte einfach nicht mehr. Ich legte sie an die Straßenböschung, weil Laufen sowieso sinnlos ist; ich konnte sie ja nicht nach Athen tragen".[70]

Der Erinnerungsmonolog, wie er sich in *Kassandra* darstellt, ist nun dadurch gekennzeichnet, daß an manchen Stellen die zeitliche Position der Erzählinstanz nicht mehr zu bestimmen ist: das Bewußtsein oszilliert zwischen Vergangenheit und Gegenwart; dies geschieht meist anhand von emotionalen Verlautbarungen, Fragen oder Ausrufen.

In den folgenden Beispielen bleibt offen, ob die Fragen aus der Gegenwart oder der Vergangenheit gestellt sind:

> Panthoos war eifersüchtig, und er war boshaft und scharfzüngig. Hatte er auch recht? (14)

Ich war verblüfft. Was plusterte er sich auf? Und wieso sollte Troia fallen, wenn Paris lebte? (60)
Da warf er mich hinaus, zum zweiten Mal. Das fing sich an zu häufen, war ich denn taub? Ich glaube, ja. Ich glaube, in gewissem Sinne ja. Ich hab es durchgemacht, doch es mir selber zu erklären, ist noch immer schwer (99 f.).

Nicht nur der Zeitbezug, sondern auch der Modus solcher Aussagen kann „offen" sein. Das zeigen am besten die Fragesätze ohne Fragezeichen[71], die die grammatische Form von Fragesätzen haben, aber, weil ihnen das Fragezeichen fehlt, den Charakter ratloser Feststellungen annehmen. Die folgenden Beispiele oszillieren nicht nur modal, sondern auch temporal. Nach Arisbes Erzählung vom Traum der Hekabe heißt es: „Unerhörte Nachrichten. Wo lebte ich denn." (59) Oder nach Kassandras erster Begegnung mit dem Kybelekult: „Was ging vor. Wo lebte ich denn." (25) Oder nach dem Verbot des Eumelos, Menelaos weiter „Gastfreund" zu nennen: „Wer ist Eumelos. Achja. Jener Mann im Rat, dem jetzt die Palastwache unterstand. Seit wann entschied ein Offizier über den Gebrauch von Wörtern." (65) Christa Wolf hat dieses Stilmittel schon in *Kindheitsmuster* verwendet, um Verunsicherung und Ratlosigkeit bei Kriegsende darzustellen:

Wo habt ihr bloß alle gelebt. Dies war kein Fragesatz. Zu einem Fragesatz hat dem Mann die Kraft nicht gereicht. In jenen Tagen mag ... ein deutlicher Mangel an Kraft und Zutrauen und Einsicht gewisse Möglichkeiten der deutschen Grammatik vorübergehend außer Betrieb gesetzt haben. Frage-, Aussage- und Ausrufesatz waren nicht mehr oder noch nicht zu gebrauchen. ... Manche redeten leise und kopfschüttelnd vor sich hin. Wo habt ihr gelebt. Was habt ihr getan. Was soll nun werden. – In dieser Art (KM 42).

Eine andere Form der Unbestimmtheit ist die Verschleifung – gegenwärtiger oder vergangener – Bewußtseinsinhalte mit Rededarstellung.

Arisbe sah mich groß an, da fiel mir Paris ein. War es dasselbe. War es wirklich dasselbe: einen Säugling heimlich töten lassen und ein erwachsnes Mädchen öffentlich schlachten? Und ich erkannte nicht, daß es dasselbe war? Weil es nicht mich, die Tochter, betraf, sondern Paris, den Sohn? Du brauchst viel Zeit, meine Liebe, sagte Arisbe (64).

Hier ist nicht zu klären, ob die Gedanken Kassandras nach ihrem

‚Einfall' der Vergangenheit oder der Gegenwart angehören; der Übergang dieser Gedanken in die in erlebter Rede gestellte Frage, die von Arisbe in der Vergangenheit beantwortet wird, kann nicht eindeutig fixiert werden.

> Endlich begriff ich, was ich als Kind aufgenommen hatte: verschlossene oder verstörte Mienen, ein Ring von Ablehnung, ja Abscheu um den Vater, den ich bewußt durchbrach: Lieblingstochter! Die Entfremdung von der Mutter, Hekabes Verhärtung. Und nun? Paris lebte. Ja, sagte Priamos. Der Hirte hat es nicht über sich gebracht, ihn zu töten (60).

„Paris lebte" wird erst durch die Antwort des Priamos als Rede Kassandras kenntlich. Gehört „Und nun?" noch ihren (gegenwärtigen oder vergangenen) Gedanken an?

> Einer der jungen Leute, die mir seit Wochen nachgestiegen waren, stand jetzt, schweigsam und deutlich, vor Priamos' Tür. Wie hieß dieser doch? Eumelos? Ja, sagte Priamos, ein fähiger Mann (59 f.).

Hier wird die Fluktuation der Erzählinstanz besonders deutlich, insofern Priamos auf eine Frage antwortet, die auch aus der Gegenwart gedacht sein kann.

Der Übergang in den Dialog der Vergangenheit ist auch – über eine ‚unbestimmte', Vergangenheit und Gegenwart desselben Bewußtseins vermittelnde Passage in wörtlicher Rede – aus einer Reflexion der Gegenwart möglich:

> Wie auch ich. Nie war ich lebendiger als in der Stunde meines Todes, jetzt. Was ich lebendig nenne? Was nenne ich lebendig. Das schwierigste nicht scheuen, das Bild von sich selbst ändern. Worte, sagte Panthoos ... Nichts als Worte, Kassandra (26).

Die letzte, vielleicht interessanteste „Unbestimmtheit": bei manchen Passagen erlebter Rede kann nicht sicher entschieden werden, ob sie einer Person – als Rede – oder dem vermittelnden Bewußtsein Kassandras zuzuordnen sind. Bei der Begegnung Kassandras mit Kalchas im Griechenlager heißt es:

> Er zog mich beiseite, er achtete nicht auf den Argwohn der Griechen, den er ja erweckte, wenn er mir offenbar ein inneres Geheimnis anvertraute, das ihn drückte. Ja, Achill. Der war auch sein Problem (96).

Weitere Beispiele:

Die Frauen nähern sich wieder ... Sie streiten sich, ob ich schön sei;
die Älteren behaupten es, die Jüngeren leugnen es ab.
Schön? Ich, die Schreckliche. Ich, die wollte, daß Troia untergeht
(14).

Der letzte Abschnitt kann das Gerede der Frauen wiedergeben
oder die von Selbstzweifel, Schuldgefühlen und trotzigem Aufbe-
gehren geprägten Gedanken Kassandras –: genau genommen gibt
er, weil alles Erzählte durch das Bewußtsein Kassandras vermittelt
ist, beides wieder.

Immer hat dieser Mensch mich für eine Zauberin gehalten. Ich sollte
Poseidon beschwichtigen! (12)

– Befehl Agamemnons oder entrüsteter Bericht Kassandras?

Der Vater, der Gewesenes mit keinem Wort erwähnte, teilte trocken
mit, da sei ein neuer möglicher Verbündeter, wie hieß er doch: Eurypilos (155).

Ist das „wie hieß er doch" Ausdruck der Verlegenheit des Vaters
oder der Souveränität Kassandras? Selbst Gedanken des Eumelos[72] können als Bewußtseinsinhalte Kassandras gelesen werden:

Eumelos ... Selbst wenn er mir glaubte – er würde sich den Troern
nicht entgegenstellen. Sich vielleicht erschlagen lassen. Der überlebte
nämlich (158).

Als Andron die im Heldengrab gefangene Kassandra besucht,
heißt es „Hier, Kassandra. Als begegneten wir uns an der Tafel im
Palast. Komm her. Nimm das. Was gab er mir da. [Rede Kassandras? Rede Androns? Gegenwärtiges oder vergangenes Bewußtsein Kassandras?] Etwas Hartes, Scharfes. Mit fliegenden
Fingern tastete ich es ab. Erkannte ich es? [Rede Androns? Gegenwärtiges oder vergangenes Bewußtsein Kassandras?] O, diese
schöne Stimme, triumphgeschwellt. Ja: Es war das Schwertge-
hänge des Achilles" (151 f.). Auch beim Beginn der Beratungen
um den Mordplan an Achill bleibt offen, wem die Stimmen zuzuordnen sind: den Mitgliedern der Königspartei oder Hekabe oder
dem (erinnerten oder gegenwärtigen) Bewußtsein Kassandras. Die
„Einstellung" ist beweglich gehalten:

Es ging also um Polyxena. Nein, um Troia. Nein, um Achill das Vieh. Es ging darum, daß Polyxena den Achill in unsern Tempel locken sollte. In den Tempel des thymbraischen Apoll. Unter dem Vorwand, sich ihm zu vermählen (145).

Kassandras Bewußtsein ist Ort temporaler, modaler und personaler Polyvalenz, gemäß dem Satz:

Da von jedem etwas in mir ist, habe ich zu keinem ganz gehört, und noch ihren Haß auf mich hab ich verstanden (6).

**7.3   „Grammatik der vielfachen gleich-
„Weibliches Schreiben"   zeitigen Bezüge" (VeE 129)**

„Wem kann ich erzählen, daß die *Ilias* mich langweilt?" (VeE 94). Hinter dieser provokativen Bemerkung, die Christa Wolf im September 1980 in ihr Tagebuch notiert, verbirgt sich, im Zusammenhang mit der Erzählung *Kassandra,* ihrem Stoff, der Herkunft dieses Stoffes, eine kunsttheoretische These der Autorin, wie sie in ihrer *Berliner Rede* vom Dezember 1981 formuliert ist:

Dieses Wegdrängen des weiblichen Faktors in der Kultur hat genau in dem Zeitraum begonnen, ... als die minoische Hochkultur durch die mykenischen Expansoren überlagert, vernichtet wurde. Homer hat diese Kämpfe Hunderte Jahre später in seinem berühmten Epos verherrlicht: Kampfbeschreibungen sind die ersten Beschreibungen der abendländischen Literatur, Schlachtenschilderungen, Beschreibung von Schlachtgeräten ... Daran, ist mir klar geworden, kann ich nicht anknüpfen. Das kann meine Tradition nicht sein. Es ist kein Hymnus denkbar auf die Schönheit der Atomrakete. Auch unsere Ästhetik muß neu durchdacht werden (DA 441; vgl. DA 452; 77).

Wolf sieht in der „Erzählung von der Heroen Kampf und Sieg oder Untergang" (VeE 147) das einsträngige Prinzip der Fabel verwirklicht: „Die Fabel wird geboren. Das Epos, aus den Kämpfen um das Patriarchat entstanden, wird d u r c h s e i n e S t r u k t u r auch ein Instrument zu seiner Herausbildung und Befestigung" (VeE 147; vgl. DA 607f.). Die Fabel erzählt „linear" (VeE 117; DA 913). In diesem „strikten einwegbesessenen Vorgehn", dem „Herauspräparieren eines „Stranges" zu Erzähl- und Untersuchungszwecken" geht die „Mannigfaltigkeit der Erscheinungen" verloren „zugunsten ... der Geschlossenheit von Weltbildern und Systemen" (VeE 139).

Dem Dargestellten wird durch solches Verfahren Gewalt angetan (DA 74), es wird zum Objekt gemacht (DA 779); („Kunst schaffen auf Kosten des Lebens; die Distanz und Kühle in sich erzeugen, die „das Werk" hervorbringt, doch die unmittelbare Beziehung zu andren Menschen tötet, weil sie sie zu Objekten macht" (DA 608; vgl. VeE 8)). Es geht Wolf nicht „um Selbst- und Stoffbeherrschung" wie „in den Lehrbüchern der Werke-Ästhetik" (VeE 153), sondern um „Authentizität" (DA 778; VeE 151).

„Subjektive Authentizität" ist für Christa Wolf schon in dem gleichnamigen Gespräch von 1973 ein Akt des Sich-selbst-Stellens:

Man muß also Schreibtechniken finden, ... die es fertigbringen, die fast unauflösbaren Verschränkungen, Verbindungen und Verfestigungen, die verschiedenste Elemente unserer Entwicklung miteinander eingegangen sind, doch noch einmal zu lösen, um Verhaltensweisen, auf die wir festgelegt zu sein scheinen, zu erklären und womöglich ... doch noch zu ändern (DA 786).

Schreiben heißt also: „Selbsterforschung" (DA 933). Den Vorstoß in die eigene Vergangenheit beschreibt Wolf als Eintauchen („Vergleiche aus dem Berufsleben eines Tauchers" (DA 466)) oder im Bild einer Ausgrabung (DA 240; vgl. „Tertiär" KM 143; 148 f.), des Vordringens in immer tiefere „Schichten" (DA 811) des eigenen Innern. Dabei werden die durch „Verhärtung, Versteinerung, Gewöhnung" zurechtgeschliffenen „Medaillons" der Erinnerung, die „durch Einkapselung stillgelegten Lebensflekken" (DA 478) aufgebrochen, der Schreibende stellt sich selbst in Frage (DA 859), er macht sich schreibend „e i g e n e Kränkungen, Verletzungen, innere Tabus, Konflikte ... bewußt" (DA 921), er stellt dar, „wie Angst entsteht" (DA 818). Dazu ist es nötig, die „Zensur" (KM 144) aufzuheben und die „Wächter vor den Toren des Bewußtseins" (KM 203; 211) abzuziehen.[73]

In dem Statement *Warum schreiben Sie?* vom März 1985 hat Christa Wolf das so zusammengefaßt:

Tatsächlich wird Schreiben für mich immer mehr der Schlüssel zu dem Tor, hinter dem die unerschöpflichen Bereiche meines Unbewußten verwahrt sind; der Weg zu dem Depot des Verbotenen, von früh an Ausgesonderten, nicht Zugelassenen und Verdrängten; zu den Quellen des Traums, der Imagination und der Subjektivität (DA 75; vgl. *Wiener Rede* DA 79).

Schon in dem Essay *Lesen und Schreiben* von 1968 hat Wolf die marxistische Widerspiegelungstheorie zugunsten dieser „Subjektivität" preisgegeben: „Literatur und Wirklichkeit stehen sich nicht gegenüber wie Spiegel und das, was gespiegelt wird. Sie sind ineinander verschmolzen im Bewußtsein des Autors" (DA 496; vgl. 759). Für ihn ist „Schreiben das Mittel ..., sich mit der Zeit zu verschmelzen in dem Augenblick, da beide ihre dichteste, konfliktreichste und schmerzhafteste Annäherung erfahren" (DA 488) –: „Zeitgenossenschaft" und „Engagement" als die vierte, die ,Dimension des Autors' (DA 487; vgl. 771).

Plötzlich hängt alles mit allem zusammen und ist in Bewegung; für „gegeben" angenommene Objekte werden auflösbar und offenbaren die in ihnen vergegenständlichten gesellschaftlichen Beziehungen (DA 780).

Wenn das schreibende Ich in die verleugneten Tiefenschichten der Erinnerung vordringt und die eigenen „wunden Punkte" (DA 770) zu denen der Zeit in Beziehung setzt, dann muß ein komplexes Beziehungsgeflecht entstehen, das durch eine lineare Darstellung („Wenn – dann, Weil – darum, ... Wer – wen" (VeE 151)) nicht mehr zu bewältigen ist.

Im Idealfall sollten die Strukturen des Erlebens sich mit den Strukturen des Erzählens decken ... Aber es gibt die Technik nicht, die es gestatten würde, ein unglaublich verfilztes Geflecht, dessen Fäden nach den strengsten Gesetzen ineinandergeschlungen sind, in die lineare Sprache zu übertragen, ohne es ernstlich zu verletzen (KM 251 f.).

Den Ursprung der Fabel sieht Christa Wolf als den eines blutroten Fadens, der, als „Erzählung von der Heroen Kampf und Sieg oder Untergang" „aus dem Gewebe des menschlichen Lebens ... herausgerissen" (VeE 147) wird; sie erklärt, „daß das strikte einwegbesessene Vorgehn, das Herauspräparieren eines „Stranges" zu Erzähl- und Untersuchungszwecken das ganze Gewebe und auch diesen „Strang" beschädigt" (VeE 139).

Wolfs Schreibintention gilt einem Gebilde in der „Form des Gewebes, des gleichzeitigen Zeigens von vielen Fäden, die zusammen ein Muster ergeben" (DA 914). Von ihm sagt sie 1983 in der Rede *Netzwerk*: „Es scheint mir doch dasjenige Netz zu sein, das sich dem alltäglichen Netz menschlicher Beziehungen am dichtesten anschmiegt und das, vor allem, nicht versucht, den Erscheinungen, die es nachzeichnet und miteinander verknüpft, Gewalt anzutun" (DA 73 f.).

Wolf nennt dieses Schreiben, das nicht auf „Selbst- und Stoffbeherrschung" (VeE 153) aus ist, ‚weibliches Schreiben'[74] (VeE 114); dieses muß nicht immer ein Schreiben von Frauen sein; sie findet es bei Goethe und Büchner ebenso wie in dem von ihr interpretierten Gedicht Ingeborg Bachmanns, als

> Beispiel von genauester Unbestimmtheit, klarster Vieldeutigkeit. So und nicht anders, sagt es, und zugleich – was logisch nicht zu denken ist –: So. Anders. Du bist ich, ich bin er, es ist nicht zu erklären. Grammatik der vielfachen gleichzeitigen Bezüge (VeE 129; vgl. VeE 117).

Es leuchtet ein, daß dieses von Wolf intendierte „offene" Schreiben ein anderes Rezeptionsverhalten fordert als die traditionellen Formen.[75] Wie das Dargestellte, so soll auch der Leser nicht zum Objekt gemacht werden (DA 779). Er ist aufgefordert, die im Text bereitliegenden „vielfachen gleichzeitigen Bezüge" zu vollziehen, indem er sich selbst in den Text mit einbringt. So erlaubt, ja, fordert das subjektive Schreiben auch ein subjektives Lesen.[76]

> *„Diese Erzählung ... habe ich eigentlich nicht im Sinne von Homer konzipiert: Ich sah sie nicht als eine geschlossene Geschichte, sondern als ein Muster, als ein Gewebe, und mir war bewußt, daß ich in diesem Fall das lineare Erzählen aufgeben mußte"*
> *(DA 913 f.)*

7.4 Polyvalenz

Die Erzählung *Kassandra* – das kann als durchgehendes Ergebnis der vorliegenden Untersuchung festgehalten werden – konstituiert sich als ein Netzwerk möglicher, aber nicht festgelegter Beziehungen. Das ist in den einzelnen Abschnitten gezeigt worden:
1. Im Erinnerungsmonolog wird die Erinnerungssubstanz flüssig gemacht. Das erinnernde Ich ist, am Leitfaden von Reizwörtern und anderen zeitdurchstoßenden Mitteln, in einer oszillierenden Bewegung, wechselnden Einstellungen zwischen Erzähldistanz und Annäherung an die verschiedenen wechselnden Ebenen der Erinnerung, bis hin zur Verschmelzung.

2. Dieses Oszillieren der Erinnerungsinstanz wird in der temporalen, personalen und modalen Unbestimmtheit und Fluktuation der Rede- und Bewußtseinsdarstellung besonders deutlich.

3. Bei der Darstellung der Entstehung und Entwicklung des (trojanischen) Krieges werden gesellschaftliche (rivalisierendes Streben nach Besitz und Herrschaft) und individualpsychologische (Angst; Aggression; Eifersucht) Erklärungsmuster homolog ineinander verschränkt.

4. Zahlreiche „primäre", relativ abgeschlossene Episoden reflektieren den elementaren Antagonismus männlich–weiblich. Dieser kann verstanden werden

a. als Grund-Antagonismus der Epoche des Übergangs vom Matriarchat zum Patriarchat (nach Bachofen, Engels u. a.) und somit als Paradigma kultureller Umbrüche überhaupt,

b. als Grund-Antagonismus jeder individuellen Lebensgeschichte in psychoanalytischer Sicht,

c. als Paradigma der Wechselbeziehung von individuellen und kulturellen Entwicklungen und Umbrüchen.

5. Alle wichtigen Beziehungen Kassandras (zu Priamos, Hekabe, Aineias, Polyxena, Panthoos) sind vieldeutig; sie oszillieren zwischen Vertrauen und Fremdheit, privater Intimität und gesellschaftlichem Rollenverhalten, Nähe und Distanz, Fürsorglichkeit und Eifersucht, Anhänglichkeit und Verachtung.

6. Die Lebensgeschichte Kassandras läßt sich lesen:

a. individualpsychologisch als „Muster" einer weiblichen Entwicklungsgeschichte,

b. geschichtsphilosophisch als Schema der Menschheitsgeschichte.

7. Träume und Symbole bieten polyvalente Interpretationsangebote menschlicher Grundbefindlichkeiten und Ursituationen in mythischen Bildern (Angst und Aggression; Trauer; Abschied; Initiation; Wettstreit); sie sind im werkimmanenten und autobiographischen Kontext vielfach eingebunden (vernetzt).

8. In der fluktuierenden Erinnerung, der homologen Verschränkung von onto- und phylogenetischen Vorgängen, dem Gewebe der Bilder, der Polyvalenz der Beziehungen, der Unbestimmtheit, assoziativen Offenheit und Kombinatorik des Stils realisieren sich in der Erzählung *Kassandra* Elemente „weiblichen Schreibens".[77]

Tafel I: Die Geschichte Kassandras

Vor der Geburt	Aussetzung des Paris 58 ff.
Kind	
2 Jahre alt auf dem Arm der Amme	Kassandra und Helenos im Tempelhain 29 f. 1. Schiff 38
auf dem Arm der Amme Kassandra Kind Kassandra Kind auf den Schultern des Aisakos	Panthoos beendet Knabenopfer 41 f. Unterhaltungen der Geschwister in den Innenhöfen 39 ff. Aisakos Tod — Primärer Anfall 51 ff. Thronszene mit den Eltern (betrifft iterativisch die ganze Kindheit) 17
Mädchen	2. Schiff 42 ff. — 1. Anfall 47 ff.
1 Jahr — Pubertät 20 / Priesterweihe 18	Tempelprostitution 20 f. Kass. bei Kybele 24 f. — Rückkehr Paris 53 ff. Kass. bei Arisbe 58 f. — Besuch Menelaos 60 ff. 3. Schiff 53. 65. 71. 76 f. — 2. Anfall 70 ff. Rückkehr Paris ohne Helena 78 ff. 3. Anfall 81
Frühling 1. Kriegstag Herbst nach Kriegsbeginn Vorfrühling	Kriegsbeginn Tod des Troilos 84 ff. Kassandra holt mit Oinone Weiden am Fluß 90 Rückführung Briseis 93 ff. Achill verwüstet Dörfer 101 Kassandra – Aineias 103 f.
Priesterin	
Zehn Jahre Krieg 77	
in der Mitte des Krieges	Zusammenkünfte der Frauen 61 f.
mitten im Krieg	Widerstand um Anchises 110
„vor drei, vier Jahren"	Einzug Penthesileas in Troja 8. 134
In den Höhlen	Tod Penthesileas 140 ff. Kassandra im Heldengrab 148 ff. Tod Achills 152
2 Sommer — 1. Winter und 2 Winter — 1. Frühling	Polyxena → Höhlen 154 Verbindung Kassandra – Eurypilos 154 f. Abschied von Aineias 7. 88. 91 f. 159 f. Kriegsende
	Überfahrt: Sturmnacht
Letzter Tag	Kassandra vor dem Löwentor
Zukunft	„Auch ihr Haus wird untergehn" 50, vgl. 135 f. „jene fernen … Menschen, die einst leben werden" 96

109

Tafel II: Erinnerungsmonolog

Mykene	Überfahrt	Kriegszeit / Kriegsende	Jugend	Kindheit	vor der Geburt
Schlachthaus 5 f. Mit meiner Stimme 6 Schmerzprobe 8 Sprache wiederfinden 10 Klytaimnestra 12	Sturmnacht 5 f. Sturmnacht 11 f.	Myrine: Aineias 7 Penthesilea 8–10			
Weg nach Mykene 13 Marpessa 15 ff. Todeserwartung 18		Hekabe 13	Kassandra Priesterin mit Panthoos 14 f. Priesterweihe 18–20 Tempelprostitution 20–23	←→ Thronszene 17 Kass. bei Kybele 24 f. Kassandra und Helenos 29 f.	
→Wie wird es sein 26 f. Todesangst 28	Ich will Zeugin bleiben 27	Tod Parthenas 23	Priesterin Mädchen 26 ~ Priesterin Mädchen Kind 28 Kassandra Priesterin 28–38 Panthoos 28 f. Hekabe 29 Polyxena 30 f. Helenos 35 f.		1. Schiff Panthoos 38–41 →
Mykenerinnen 36 Geschichte meiner Angst 42			Anchises lehrt Kassandra 38 f.	Kassandra Kind in Innenhöfen 39 ff. Panthoos Knabenopfer 41 f. 2. Schiff: Hesione 42–45	
→Klytaimnestra. „Auch ihr Haus wird untergehn" 50	Marpessa 48	Augen der Toten: Troilos Penthesilea. Priamos 49	Ausrüstung 3. Schiff 53 Rückkehr Paris 53–55 Kassandra bei Hebammen 55–57 Kassandra bei Arisbe 58 f.	1. Anfall: Kalchas 47–49 Aisakos' Tod 51 f. primärer Anfall Priamos Aisakos Aineias, Paris 53	Aussetzung des Paris 60
	Iphigenieopfer 63	Frauen 61 f. Herbstmarkt: Iphigenie Arisbe: Iphigenie→Paris Palast→Berge Wälder 64 f.	Königsmahl Menelaos 65–70 Troilos Briseis Oinone Paris Eumelos 2. Anfall 70–74 3. Schiff Ausfahrt 71, Rückkehr 74 Kriegsvorbereitungen 77 f. Rückkehr Paris ohne Helena 79 ff. 3. Anfall 81		

Angst. Kybele hilf 84f. —— Tempel verschont 84 —— Kriegsbeginn 84 —— Priamos über den Krieg 82

Tod des Troilos 84–88

Aineias 88

Weiden holen 90

Weidengeflecht 90 Gerte 91
Marpessa 92

Aineias 91f.
Frauen in Troja 92f.
Rückführung der Briseis.
Kalchas 93–99
Aineias–Kassandra 101–104
Helenos. Hektor 104–106
Anchises. Hekabe 106–110
Polyxena 111–115
Kass. Priesterin 115–117
Eumelos 118–120
Herbstmarkt. Iphigenie 121
Anchises 122f.
Polyxena–Achill 124–128

Überleben? 95f.

Iliashandlung 128–131. 132

Panthoos. Penthesilea 133f.

Aineias 135
Penthesileas Kampf und Tod 136–141
Panthoos' Tod 142
Kassandra in den Höhlen 142–145
Kassandra vor dem Rat 145–148
Kassandra im ,Heldengrab' 148–153
Achills Tod 152
Leben in den Höhlen 153–157
Kriegsende 157–159
Abschied von Aineias 159f.

Kassandra sieht das Schicksal Mykenes. Wiederholung 135f.

Weidengerte 149. 151

,Ich bleibe zurück' 160
,Hier ist es'

111

Tafel III: Konfiguration

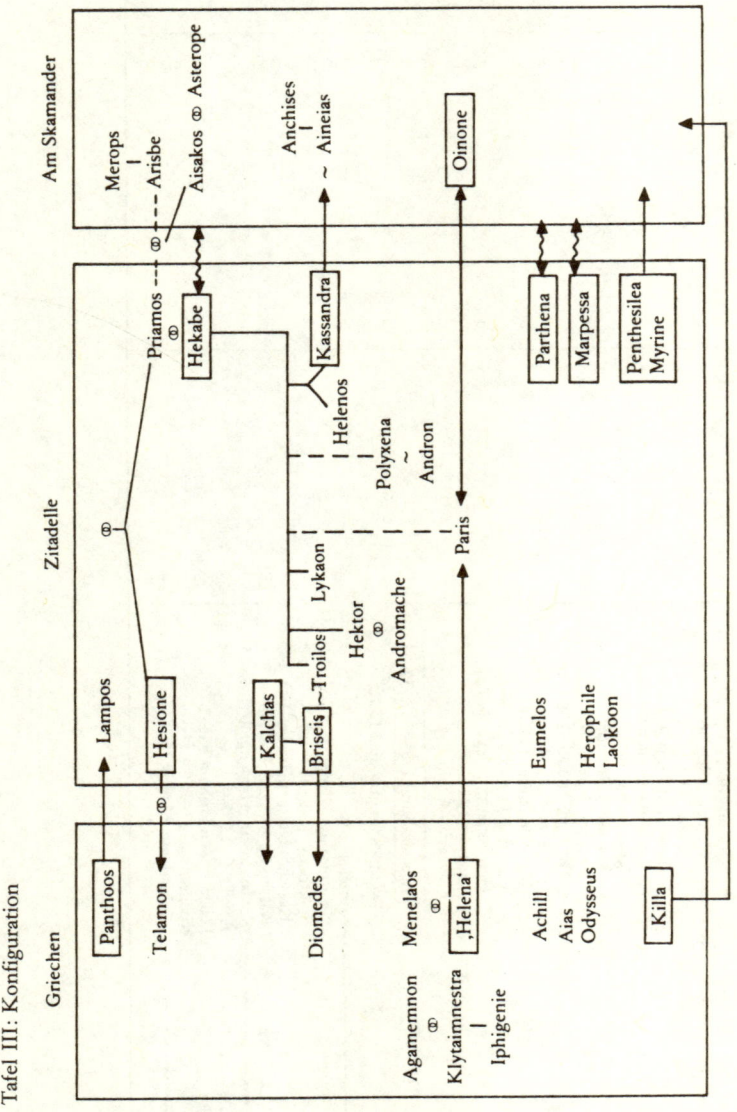

Unterrichtshilfen

1
Didaktische Aspekte

Auf Grund der Struktur des Textes sowie auch teilweise auf Grund der Sprache (vgl. die entspr. Kap.) ist der Zugang zu Wolfs *Kassandra* als eher schwierig einzustufen. Es scheint daher geraten zu sein, die Erzählung erst in der Sekundarstufe II zu behandeln – im Grundkurs oder im Leistungskurs. Wenn auch viele inhaltliche Aspekte durchaus für Schüler der Klasse 10 von großem Interesse sein können, so ist dennoch zu befürchten, daß die bei der Textaufnahme in Rechnung zu stellenden Schwierigkeiten recht schnell zu einem Nachlassen der Motivation führen. Darüber hinaus ist anzunehmen, daß eine sachadäquate Analyse des Gegenstandes in seiner Komplexheit in der Regel erst von Schülern der Sekundarstufe II geleistet werden kann.

Kassandra erscheint unter mehreren Gesichtspunkten für Jugendliche als anregend und motivierend.

1. Die Entwicklungsgeschichte der Hauptfigur sowie die Beziehungen, in die Kassandra gestellt ist oder die sie eingeht, bieten Identifikationsmöglichkeiten wie Reibungsflächen, d. h. in jedem Falle Diskussionsstoff:
– So lassen sich die Primärbeziehungen Kassandras zu den Eltern, der Schwester und zu Aineias behandeln als Grundmuster menschlicher Beziehung.
– Kassandras Weg von der Zitadelle zu den Höhlen am Skamander, d. h. die Lösung aus der gegebenen patriarchalischen Ordnung und die Hinwendung zu etwas Neuem, als Weg der Selbstfindung dürfte besonders für Mädchen von Interesse sein. Hierbei bietet besonders die Welt am Skamander eine Fülle von Ansatzpunkten kritischer Diskussion.
Wählt man als methodischen Ansatz das Beziehungsgeflecht, in das Kassandra eingebunden ist, dann läßt sich der Text mit Einschränkungen bereits am Ende der Sekundarstufe I in der Untersekunda einsetzen. Voraussetzung ist allerdings hier, daß es sich um eine Lerngruppe von eher begabten Schülern handelt. In jedem Falle aber müßte von seiten des Lehrers in der Phase der Textaufnahme und in der Analyse recht viel Hilfestellung gegeben werden: z. B. kleinschrittiges Vorgehen, Vorgabe von Parallelstellen, eventuell Einführungen zu den jeweils zu behandelnden Aspekten.
2. Die Bedeutung des Themenkreises Entstehung/Vermeidbarkeit/Verlauf des Krieges liegt auf der Hand. Die in dem Text angesprochenen Bereiche – Stichwörter: Eskalation der Aggression, psychologische

113

Kriegsführung, Eigendynamik des Geschehens – schärfen das Bewußtsein des Schülers für die Komplexheit der Phänomene „Vorkrieg" und Krieg und vermitteln ihm Einsichten in den Mechanismus politischer Prozesse. (Eine Kooperation der Lehrer der Fächer Deutsch und Geschichte ist höchst wünschenswert, läßt sich wohl aber wegen der gegebenen Form der Organisation der gymnasialen Oberstufe nur in den seltensten Fällen realisieren.) Der Transfer vom „Modell Troja" auf die gegenwärtige realpolitische Situation unter Einbeziehung einer kritischen Reflexion der Sicht von Wolf sowie ihrer Ansätze einer Problemlösung läßt sich auch bei rein werkimmanentem Vorgehen ohne Schwierigkeiten leisten. Auf dieses wird man sich im Grundkurs – allein schon aus Zeitgründen – ohnehin beschränken müssen. Wird der Text in einem Leistungskurs behandelt, können neben den Basistext weitere Ausführungen Wolfs und auch anderer Autoren zu diesem Themenkomplex treten (vgl. Materialien). Ziel wäre dann die Einordnung der Wolfschen Vorstellungen in die laufende philosophische Diskussion zum Thema.

3. Eng verbunden mit dem Themenkreis „Krieg" ist in *Kassandra* der des Matriarchats und Patriarchats. Auch dieser Aspekt ließe sich zum Ausgangspunkt der Untersuchung machen, dürfte jedoch Schülern nach der ersten Lektüre des Textes nicht unbedingt evident sein und kann von der Sache her ebensogut im Anschluß an den Themenkreis „Krieg" besprochen werden, geht es hier doch sozusagen um die gesellschaftlichen Voraussetzungen und um die an sie gebundenen Denkweisen, die nach Wolf verantwortlich zu machen sind für eine Entwicklung hin zum Untergang der Menschheit. Die Diskussion um Matriarchat und Patriarchat erscheint für Jugendliche beiderlei Geschlechts als interessant, weil in ihr sowohl Jungen als auch Mädchen den eigenen Standort im gesellschaftlichen Gefüge und damit auch die Implikationen ihrer gesellschaftlichen Rollen kritisch reflektieren können. Auch hier wird man im Grundkurs ausschließlich werkimmanent arbeiten. Zur Erweiterung der Diskussionsbasis können dann bei einer Behandlung des Komplexes im Leistungskurs wiederum zusätzlich weitere Äußerungen Wolfs und anderer Autoren (vgl. das entspr. Kap.) herangezogen werden.

4. Der Analyse von inhaltlichen Aspekten eine Betrachtung der Form und der Sprache des Textes folgen zu lassen, ist ein sicher reizvolles und lohnendes Unterfangen, besonders da in *Kassandra* die spezifische Form des Erinnerungsmonologs und das, was Wolf „weibliches Schreiben" nennt, hervorgegangen sind aus Wolfs Überlegungen zu dem Antagonismus „männlich – weiblich". Die Frage nach der Interdependenz von Form und Inhalt als eine der Grundfragen jeglichen Deutschunterrichtes auf dem Gymnasium sollte in diesem Falle wohl nur in einem Leistungskurs gestellt werden, nicht allein aus zeitpraktischen Gründen, sondern vor allem wegen der Vielschichtigkeit des Textes. Wie differenziert die

Analyse dann angelegt werden kann, hängt entscheidend ab von der Aufgeschlossenheit der Lerngruppe für Fragen dieser Art, aber auch von einem gewissen Sensorium für Sprache und ihren Möglichkeiten, wozu dann noch eine hinreichende Erfahrung in der Handhabung der entsprechenden Fachtermini und der Methode treten sollte.

2
Unterrichtsreihen

Die Themenkreise 1 und 4 lassen sich sehr gut zum Ausgangspunkt einer übergreifenden Unterrichtssequenz machen, wobei eine auf den Themenkreis 1 aufbauende Einheit literarisch orientiert und eine auf Themenkreis 4 basierende dem Großbereich „Umgang mit Sprache" zuzuordnen ist.

Zu 1: Im Zentrum der Unterrichtsreihe müßte die Frage nach der Selbstfindung bzw. Selbstbestimmung (ob gescheitert oder gelungen) der Frau stehen. Unter diesem Gesichtspunkt könnten z. B. folgende Texte betrachtet werden: Ibsens *Nora,* Richardsons *Clarissa Harlowe* (in Auszügen), Flauberts *Madame Bovary,* Fontanes *Mathilde Möhring* oder *Effi Briest*; auch das Heranziehen sogenannter feministischer Literatur, wie z. B. Erica Jongs *Angst vorm Fliegen,* ist in diesem Zusammenhang möglich.

Leitziel einer solchen Reihe wäre die kritische Reflexion der Motive, der Richtung und der Chancen der Verwirklichung der Emanzipation der Frau unter den jeweils historisch bedingten gesellschaftlichen Gegebenheiten.

Zu 4: An die Analyse der spezifischen Form des Erinnerungsmonologs in *Kassandra* läßt sich z. B. die Besprechung von Schnitzlers *Leutnant Gustl* oder *Fräulein Else,* von Brochs *Tod des Vergil* (in Auszügen) und von Joyces *Ulysses* (in Auszügen) anschließen. Ziel einer solchen Unterrichtsreihe wäre dann die Bewußtmachung verschiedener Formen und Funktionen des Erinnerungsmonologs bzw. des monologue interieur im Vergleich und in der Abgrenzung zu der von Wolf in *Kassandra* entwickelten Form. Auch könnte die Frage aufgeworfen werden nach den geistesgeschichtlichen Voraussetzungen, die diese Form ermöglicht haben.

Lernvoraussetzungen

Die Kenntnis der Sagen des klassischen Altertums – wenigstens in ihren wichtigsten Zügen – kann heute wohl nicht mehr bei Schülern vorausgesetzt werden. Wolfs *Kassandra* aber losgelöst von jeder literarischen Tradition zu betrachten, hieße, den Text in einen luftleeren Raum stellen. Mindestens einen groben Überblick über die Überlieferung des Stoffes sollten die Schüler vor der Lektüre der Erzählung haben. In einer Vorschaltstunde können auf der Textgrundlage von z. B. Schwabs *Die schönsten Sagen des klassischen Altertums* oder von Kerényis *Die Mythologie der Griechen* (vgl. Materialien) von einem Schüler die wesentlichen Aspekte referiert werden. Im Falle der Behandlung des Textes in einem Grundkurs kann diese Basis als ausreichend angesehen werden. Wird der Stoff in einem Leistungskurs behandelt, sollte zusätzlich die Darstellung von Ranke-Graves als der entscheidenden Quelle für Wolf vermittelt werden.

3
Unterrichtssequenz

Die Vorschläge zum Aufbau und zur Gestaltung einer Unterrichtseinheit basieren auf den unter 1 genannten Themenkreisen. Welcher der Themenkreise am Anfang der Betrachtung steht, sollte vom Interesse der jeweiligen Lerngruppe abhängig gemacht und vor der Behandlung des Textes im Gespräch geklärt werden. Grundsätzlich lassen sich alle Themenkreise zum Ausgangspunkt der Analyse machen, unabhängig davon, ob die Erzählung in einem Leistungs- oder in einem Grundkurs behandelt wird. Im folgenden wird ein Interpretationsdurchgang in der Reihenfolge der Themenkreise 2, 3, 1, 4 –

– 2 – Entstehung / Vermeidbarkeit / Verlauf des Krieges
– 3 – Matriarchat und Patriarchat
– 1 – Geschichte Kassandras
– 4 – Sprache und Struktur

vorgeschlagen. Grundlage ist hierbei die Behandlung des Textes in einem Grundkurs; Erweiterungs- und Differenzierungsmöglichkeiten werden jeweils durch Buchstaben kenntlich gemacht. Da in Grundkursen nicht eben häufig Doppelstunden zur Verfügung stehen, sind die Unterrichtsschritte ausschließlich in Einzelstunden gegliedert, wobei sich aber von der Sache her zwei Einheiten problemlos, den äußeren Lerngegebenheiten angepaßt, zusammenfassen lassen.

Aus Gründen der Übersichtlichkeit sind die Unterrichtseinheiten nicht fortlaufend, sondern jeweils innerhalb eines Themenkreises numeriert. Dieses Verfahren grenzt optisch die einzelnen Themenkreise voneinander ab und erleichtert damit die individuelle Unterrichtsplanung, was Umfang und Auswahl der zu analysierenden Aspekte angeht: Ein voller Interpretationsdurchgang, gleich in welcher Reihenfolge der Themenkreise – denkbar sind auch die Kombinationen 2, 1, 3, 4; 1, 3, 2, 4 –, wird sich wohl nur in den seltensten Fällen realisieren lassen. Aber auch durch die Behandlung von zwei oder drei Themenkreisen lassen sich wesentliche Aussagen des Textes sachadäquat erarbeiten.

Verwendete Abkürzungen:

TA	= Tafelanschrieb	LK	= Leistungskurs
GA	= Gruppenarbeit	LV	= Lehrervortrag
GK	= Grundkurs	LZ	= Leitziel
HA	= Hausaufgabe	PA	= Partnerarbeit

StA	= Stillarbeit
SV	= Schülervortrag
UG	= Unterrichtsgespräch

Einführungsstunde

Gegenstand	Didaktische Aspekte/ Lernziele	Unterrichtsverlauf	Methodische Hilfen/ Impulse	Hausaufgaben/ Referate
Konfiguration (Who's who?)	Erstellung eines Hintergrundhorizontes als Voraussetzung der weiteren Analyse	Inhaltliche Füllung, ausgehend von Kassandra	Tafel III (S. 112 dieser Arbeit) UG	*Alternativ:* Schiffsexpeditionen I und II (S. 38–40; S. 42–46; S. 49, 3. Absatz); Lebensgeschichte Kassandras im Überblick; dazu Tafel I (s. S. 109 dieser Arbeit).

Themenkreis 2: Entstehung/Vermeidbarkeit/Verlauf des Krieges

1. Stunde

Gegenstand	Didaktische Aspekte/ Lernziele	Unterrichtsverlauf	Methodische Hilfen/ Impulse	Hausaufgaben/ Referate
Die Bedeutung der Schiffsexpeditionen I, II;	LZ: Ideologisierung, Verdrehung der Wahrheit und Lügen als Vehikel der Eskalation von Aggression;			
1. Schiffsexpedition (S. 38–40)	Ambiguität als potentieller Auslöser von Aggression;	Nebeneinanderstellen der 2 Versionen des Zieles der 1. Schiffsexpedition;	Auslegung der 1. Expedition durch Anchises, Hektor? UG;	
2. Schiffsexpedition (S. 42–46; S. 49, 3. Absatz)	Ideologisierung durch Priamos;	Darstellung der divergierenden Meinung: Priamos – Hekabe;	Anlaß der 2. Expedition? Begründung durch Priamos? Hekabes Ansicht? UG;	
	Manipulierbarkeit des Volkes, aber auch Interdependenz: Volk – Herrschende;	Herausstellen des Kontrastes: Ausfahrt – Rückkehr;	Verhalten des Volkes bei Ausfahrt u. Rückkehr des 2. Schiffes? UG;	
	Verschweigen der Wahrheit: Auffangen des Enttäuschung innerhalb des Volkes durch Umlenken der Gefühle: Groll auf die Griechen;	Auswertung der Ergebnisse der StA;	Rolle des Kalchas? StA; UG	
	pragmatische Sicht der Gegebenheiten als Ansatzpunkt gewaltfreier Konfliktlösung	Darstellung von Hekabes sachorientierter Sicht	Möglichkeit der Vermeidung der Eskalation der Aggression? (Hekabe) UG	3. Schiffsexpedition (S. 53–61; S. 65–71; S. 76–79); äußerer Ablauf

2. Stunde

Die Bedeutung der 3. Schiffsexpedition (S. 53–61; S. 65–71; S. 76–79)			
	LZ: vgl. 1. Stunde;	Darstellung des äußeren Ablaufes der 3. Schiffsexpedition;	SV;
		Sammeln der Aspekte der Rolle des Paris	Welche Personen entscheidend an Vorgeschichte und Ablauf beteiligt? UG/TA – Vorgeschichte und erstes Auftreten in Troja – Verhalten am Königshof – Verhalten während des Gastmahles für Menelaos GA;
	Ichschwäche, Angst, Konkurrenz- und Leistungsstreben, Besitzdenken als mögliche Auslöser von Aggression;	Abruf und Koordination der Ergebnisse der einzelnen Gruppen;	UG;
		Sammeln der Aspekte der Rolle des Eumelos und	– Voraussetzungen für den Aufstieg zur Macht – Festigung und Ausbau der Machtposition; UG/TA

119

Gegenstand	Didaktische Aspekte/ Lernziele	Unterrichtsverlauf	Methodische Hilfen/ Impulse	Hausaufgaben/ Referate
	„Sprachkrieg", Indoktrination und Mythenbildung als Mittel psychologischer Kriegsführung/ „Sicherheitsnetz" als Voraussetzung (?) und Kontrollorgan bei psychologischer Kriegsführung;	Behandlung der Einzelaspekte nacheinander;		
	Indifferenz (Priamos), stille Ablehnung (Hekabe), Fehleinschätzung der Vorgänge (Kassandra) als – unfreiwillige – Beförderer der Eskalation von Gewalt	Abruf und Diskussion der Ergebnisse	Verhalten von Priamos, Hekabe, Kassandra in der Zeit der Vorgeschichte der 3. Schiffsexpedition? StA/UG	Priamos' Traum (S. 78) – seine 2 Deutungen im Lichte der Ergebnisse dieser Stunde

3. Stunde

			Welche Rolle spielt Helena? (S. 79–84)
Die Situation vor Kriegsbeginn; Vermeidbarkeit des Krieges; Priamos' Traum (S. 78)	Vortrag der HA und Diskussion	SV/UG/TA der Ergebnisse der Diskussion;	
Bewußt einseitige Auslegung eines mehrdeutigen Sachverhaltes zum Zwecke der Rechtfertigung und als Exkulpation eigener Absichten;			
Angst als Motiv der Bildung von Abwehrsystemen; Projektion als Entlastung; Gefühl von Stärke als Folge von Projektion	Zusammenfassung der Aussagen beider Textauszüge und Vergleich der Aussagen der Textauszüge mit den Ergebnissen der Diskussion zu den 2 Deutungen des Traumes?	als Hilfe zur Vertiefung/ Erweiterung der Diskussion Vorlage von 2 Textauszügen (vgl. Materialien); 1. Christa Wolf; 2. Thea Bauriedl StA/SV/UG	

4. Stunde

Gegenstand	Didaktische Aspekte/ Lernziele	Unterrichtsverlauf	Methodische Hilfen/ Impulse	Hausaufgaben/ Referate
Die Situation vor Kriegsbeginn; Vermeidbarkeit des Krieges – Die Bedeutung des Phantoms „Helena" (S. 79–84)	Phantom kein möglicher Verhandlungsgegenstand zwischen den betroffenen Parteien, folglich Kriegsausbruch unvermeidlich	Herausstellen des Kontrastes: Stoffgeschichte – *Kassandra*;	UG;	
	Verschiebung eines Sachproblems auf die ideologische Ebene zum Zwecke der Eskalation der Aggression; Ausschließen einer friedlichen Lösung des Konfliktes; Projektion als Entlastung (Priamos); pragmatisches Handeln als Möglichkeit der Vermeidung von Krieg (Kassandra);	Gegenüberstellung der Ansichten Priamos' und Kassandras;	Priamos' Behandlung des Phantoms „Helena"? Kassandras Sicht? UG;	
	Wert (hier: Schönheit) als Mittel zur Entfachung von Kriegsbegeisterung und zur Aufrechterhaltung der Kampfmoral	Abruf der Ergebnisse und zusammenfassende Deutung der Aussagen;	Welche Funktion des Phantoms „Helena" für die Troer? StA/UG;	

Differenzierung der o.g. Lze.	Diskussion des Aus-spruches	Kassandra: „Ein Krieg, um ein Phantom geführt, kann nur verlorengehn" (82). Warum? UG LV	LK: Lektüre von Gi-raudoux' Stück, Akt II; GK: Die Entwicklung des Krieges im Über-blick – markante Ereig-nisse in chronologi-scher Reihenfolge (S. 84–155)
	nur LK: Überblick über den Handlungsverlauf von Giraudoux' *Kein Krieg in Troja* (Akt I)		

Stunde 4a/nur für LK

Zur Vermeidbarkeit des Krieges – Gi-raudoux: *Kein Krieg in Troja*, Akt II	Provokation kann Gegen-provokation erzeugen (II, 10, 12); führt zu Eskala-tion/Provokation kann gedeutet werden (II, 5); führt zu Eskalation oder momentaner Entspan-nung/Provokation kann hingenommen werden (II, 9); führt zu momentaner Entspannung	Überblick über den Handlungsverlauf; Schwerpunktsetzung in bezug auf Fragestellung; Darstellen der Ergebnisse der PA und Diskussion	SV UG Welche Interaktions-mechanismen bei Provo-kationen? (II, 5, 9, 10, 12) PA/UG;

Gegenstand	Didaktische Aspekte/ Lernziele	Unterrichtsverlauf	Methodische Hilfen/ Impulse	Hausaufgaben/ Referate
	Kettenreaktion von Provokation und Aggression: Provokation (Ajax – Andromache) führt zu Aggressionsbereitschaft (Hektor), die sich spontan in Aggression umsetzt nach 2. Provokation (Demokos);	Lesen von II, 14 mit verteilten Rollen;	f. Zuhörer: Funktion der kurzen Episode Ajax – Andromache – Kassandra? SV/UG	
	Giraudoux: „Zufall" in durch Provokationen gekennzeichneter Situation bewirkt Kriegsausbruch; Wolf: bewußt unbewußte Eskalation von Aggression in Verbindung mit Ideologisierung macht Kriegsausbruch unvermeidlich	Vergleich: Giraudoux – Wolf;	kriegsauslösendes Moment? UG	
		Überblick über den Handlungsverlauf von Shakespeares Troilus u. Cressida und Einbettung der Szene II, 2 in den Kontext	LV	

Stunde 4b/nur für LK

			Lektüre: Shakespeare: *Troilus u. Cressida*, II, 2; Notizen: Welche Argumente für und gegen die Herausgabe Helenas werden vorgebracht?
Zur Beendigung des Krieges – Shakespeare: *Troilus u. Cressida*, II, 2	Vernunft und das Gesetz der Natur gebieten Herausgabe Helenas; drohender Verlust der Ehre und Würde verbieten Herausgabe Helenas; Helena: willkommener Anlaß, Ruhm und Nachruhm zu erwerben;	Abruf, Erweiterung und Diskussion der HA: Hektor/Helenos; Paris/Troilus;	UG
	Wertehierarchie bestimmt Handeln: Vernunft und Recht werden geringer bewertet als Würde;	Herausstellen des scheinbaren Widerspruchs in Hektors Denken;	Warum schwenkt Hektor am Schluß auf die Linie von Paris und Troilus ein? UG
	Einblick in das ritterliche Weltbild zum besseren Verständnis der Voraussetzungen der Argumentation in *Troilus u. Cressida*, II, 2;	kurze Darstellung der ritterlichen Ethik und Transfer;	LV/UG

Gegenstand	Didaktische Aspekte/Lernziele	Unterrichtsverlauf	Methodische Hilfen/Impulse	Hausaufgaben/Referate
	Wertvorstellungen und Projektionen verhindern pragmatische/vernünftige Sicht der Gegebenheiten; Provokationen zielen ab auf Wertvorstellungen: Verschiebung von der Sach- auf die Wertebene	Zusammenfassung der Ergebnisse der Stunden 4, 4a, 4b	Wie hätte der Krieg vermieden bzw. beendet werden können? UG	vgl. Stunde 4 GK

5. Stunde

Gegenstand	Didaktische Aspekte/Lernziele	Unterrichtsverlauf	Methodische Hilfen/Impulse	Hausaufgaben/Referate
Kriegsverlauf im Überblick (S. 84–155)	Komprimierung auf Reihung von Gewalttaten und Vergeltungsschlägen (Troer) als Mittel der Verdeutlichung von Grausamkeit und Inhumanität des Krieges; Fehlen eines klar definierten Kriegszieles als Auslöser sich steigernder feindlicher Emotionen auf beiden Seiten; Verrohung (Troer) als Folge der Eigendynamik von Kriegsgeschehen;	Auswertung der HA;	UG/ev. TA in Stichwörtern;	

„Vieh" als Leitwort; z. B.: Griechen als Kontrastfolie zu den Troern zu Beginn des Krieges; Methode (Überzeichnung und krasse Abwertung; Erstellen eines Feindbildes) im Widerspruch zur Intention (Vermeidung von Konflikten)	Sammeln und Bündeln von Informationen; kritische, freie Diskussion der Darstellung der Griechen bei Christa Wolf	Wie werden die Griechen dargestellt? UG; Begründung der Darstellungsweise? UG	Wirkung der äußeren Ereignisse nach innen auf Troja? Schwerpunkte: Priamos und Eumelos (Notizen)

6. Stunde

Troja im Kriege (S. 84–155)	Abstecken eines groben Rahmens der Richtung der Analyse; Verlust des Kontaktes zur Realität; Abdrängen in rein repräsentative Rolle; Kompensation durch Pomp; Abhängigkeit von „Sachzwängen" auf Grund der Eigendynamik des Geschehens; Objekt des Geschehens, nicht mehr Handelnder;	Besprechung der HA; Abruf, Koordinierung und Diskussion der Ergebnisse der StA;	UG/ev. TA Entwicklung der Rolle des Priamos? StA/UG

Gegenstand	Didaktische Aspekte/ Lernziele	Unterrichtsverlauf	Methodische Hilfen/ Impulse	Hausaufgaben/ Referate
	innenpolitische Entwicklung in Troja als Modell der Entstehung eines totalitären Staates; Kriegsgeschehen als Faktor der Beschleunigung des Prozesses; Eumelos als Verkörperung der Begriffe Hierarchie, Organisation, System sowie der ihnen innewohnenden destruktiven Potenz;	Darstellung der Aktivitäten des Eumelos;	Welche „Aufgaben" übernimmt Eumelos? UG	
	Priamos legitimiert Eumelos' Handeln; Eumelos hilft Priamos bei der Festigung seiner Position als Herrscher;	Herausstellen der Interdependenz: Priamos – Eumelos;	Priamos und Eumelos ein Paar? (vgl. S. 107) UG;	
	Italien unter Mussolini; mit Abstrichen: Drittes Reich	offene Diskussion	historische Parallelen zur innenpolitischen Entwicklung in Troja? UG	Zusammenfassung der Ergebnisse der Stunden 1–6 in Stichwörtern

7. Stunde

Christa Wolfs Kritik an den bestehenden Systemen	Vortrag der HA;	SV/ev. TA	
z. B.: Ideologisierung des Rüstungswettlaufes in Ost und West; Projektion zum Schutz der eigenen Position; Aufrechterhaltung eines Feindbildes als Vorwand für Aggression; Menschen nicht mehr Subjekte, sondern Objekte des Geschehens;	Transfer auf die heutige weltpolitische Situation;	UG (bei ev. Versanden der Diskussion: Vorlage eines Zitates von Christa Wolf – vgl. Materialien)	
z. B.: pragmatische, nicht durch Ideologie verstellte Sicht der Gegebenheiten (Hekabe, Kassandra), das Leben am Skamander	offene Diskussion	Ansatzpunkte einer Lösung der Konfliktsituation im Text? UG	nur LK: Christa Wolf: „Antwort an einen Leser" (vgl. Materialien). Lektüre „mit dem Bleistift"

Stunde 7a/nur für LK

Gegenstand	Didaktische Aspekte/ Lernziele	Unterrichtsverlauf	Methodische Hilfen/ Impulse	Hausaufgaben/ Referate
Christa Wolf: „Antwort an einen Leser"	Erweiterung und Präzisierung der Erkenntnisse aus Stunde 7: „Mehr! Schneller! Genauer! Effektiver!" als Primärwerte unserer Zivilisation, Folge: menschliches Dasein = „entwirklichtes Objekt-Dasein", Bindung des eigenen Seins an Objekte → Unterordnung unter technische Abläufe, rigide Hierarchie, „sachliches" Denken und Verhalten; Verkümmerung der 5 Sinne;	Darstellung des Wolfschen Gedankenganges und Diskussion;	UG	
	Klarheit über die eigene Position – vielleicht	freie Diskussion	Christa Wolf meint, die Friedensbewegung in der Bundesrepublik leiste aus einem Nichts ein Etwas, aus Ohnmacht Wirkung zu machen (S. 453) UG	Carl Friedrich von Weizsäcker: *Die Zeit drängt* (S. 42–45; S. 62–65) – vgl. Materialien. Lektüre „mit dem Bleistift"

Carl Friedrich von Weizsäcker: *Die Zeit drängt*; Die beiden Großmächte – Grundlagen des Konfliktes (S. 42–45);			
Ideologie als psychische Entlastung; Ursprung bei der Ideologien im Entwurf der politischen Revolution; geschichtliche Prägung beider Nationen durch Expansion bei unterschiedlichen Vorzeichen → Blindheit für wahre Interessen der Partner und Gegner, „Arroganz der Macht" ← Angst, die Selbstkritik verhindert; statt Selbstkritik Projektion der Kritik auf äußeren Gegner	Schwerpunktsetzung der Analyse anhand von Schlüsselbegriffen und inhaltliche Füllung;	Welche Begriffe sind kennzeichnend für das Verhältnis der beiden Großmächte zueinander? (Ideologie, historische Erfahrung, Machtinteressen) UG/TA;	
Machtkonflikte der Staaten als Erbe der Hochkultur (S. 62–65)			
Kennzeichen der Hochkultur: Objektivierung von Kooperation und Rangordnung; Geld als	Darstellen des Zusammenhanges zwischen Objektivierung und Rüstungswettlauf;	im Zentrum Begriff des „Objektivierens"; welche Bedeutung, welche Formen? StA/UG;	

	Vergleich: von Weizsäcker – Wolf	UG
	Mittel der Quantifizierung der gegenseitigen Leistung der Menschen; Macht als Akkumulation von Mitteln für Zwecke; Macht als Transformator von Rangordnung in objektivierte gesellschaftliche Herrschaft; Luxurieren der Macht als Folge von Machtkonkurrenz → Rüstungswettlauf; Wissen über Zwecke u. Mittel als Voraussetzung von Macht	

Materialien zu Themenkreis 2: Entstehung/Vermeidbarkeit/Verlauf des Krieges

3. Stunde

In der 1983 gehaltenen Rede *Netzwerk* spricht Christa Wolf von der „Angst so vieler Menschen ...", die sie zwingt, eine Fülle von Angst- und Abwehrsystemen aus sich herauszustellen, sich zu wappnen, sich zu panzern, sich in einem Labyrinth starrer Institutionen zu verkriechen, von denen die Tötungsapparaturen nur diejenigen sind, die ihren Zweck am deutlichsten verraten" (DA 74).

„Es gibt verschiedene Möglichkeiten, die Gefahr zu verleugnen. Die wichtigste (und für uns heute gefährlichste) ist die Projektion der Gefahr auf Personen oder Regierungen außerhalb der eigenen Person oder des eigenen Volkes. Durch diesen Mechanismus wird die Angst kanalisiert, man weiß, daß man sich vor einem „Feind" fürchtet. Dieser wird gleichzeitig disqualifiziert, dann kann man ihn leichter bedrohen und notfalls Krieg gegen ihn führen. Die Phantasie, ihn, wenn er gar nicht anders will, notfalls auch in einem gerechten (‚Abwehr'-)Krieg besiegen zu können, verhilft zu einem Gefühl von Stärke und Sicherheit, das sehr attraktiv ist, braucht man sich doch in diesem Gefühl nicht auf die Unsicherheiten der Situation einzulassen" (Thea Bauriedl: *Die Wiederkehr des Verdrängten*. München, 1986, S. 221).

7. Stunde

„Die Rede kommt auf die Weltlage. Der Krieg zwischen Irak und Iran, der, wie das meiste heute, Irrsinnszüge hat. (Inwiefern eigentlich? Wieso sind nicht alle Kriege, einschließlich des trojanischen, Irrsinn? Weil sein Ziel „realitätsgerecht" war: Die Achaier brauchten den Zugang zum Bosporus, was heißt, sie mußten den Troern die Kontrolle zu diesem Zugang, zu den Dardanellen, abringen? Von welcher Verlustrate an verlieren Kriege die „realitätsgerechten" Züge?) (VeE 93).

„Um Krieg zu verhindern, müssen auch Menschen in ihrem jeweils eigenen Land Kritik an den Mißständen ihres eignen Landes üben. Rolle der Tabus bei der Kriegsvorbereitung: Unaufhörlich, unermeßlich wächst die Zahl der unwürdigen Geheimnisse. Wie unbedeutend alle Zensur-Tabus und die Folgen ihrer Übertretung durch die Bedrohung des Lebens werden" (VeE 114)

Stunde 7a

Christa Wolf. „Antwort an einen Leser". In: C.W.: *Die Dimension des Autors*. Darmstadt/Neuwied 1987, S. 446 ff.

Stunde 7b

Carl Friedrich von Weizsäcker: *Die Zeit drängt. Eine Weltversammlung der Christen für Gerechtigkeit, Frieden und die Bewahrung der Schöpfung*. München/Wien 1987, S. 42 ff., S. 62 ff.

133

Themenkreis 3: Matriarchat und Patriarchat

1. Stunde

Gegenstand	Didaktische Aspekte/ Lernziele	Unterrichtsverlauf	Methodische Hilfen/ Impulse	Hausaufgaben/ Referate
Troja als Modell eines patriarchalisch organisierten Gemeinwesens	Hierarchische Gliederung;	Auswertung von Textstellen;	SV/UG	Vorbereitend: Sammeln von Textstellen: Wie ist Troja als Gemeinwesen organisiert?
	Reduktion des „ganzen Menschen" auf seine Stelle im System; Leistungs- und Konkurrenzdenken als Basis patriarchalisch organisierter Gemeinwesens;	Darstellung der „Berufsbilder" von Kassandra, Priamos und Eumelos;	Welche konkreten Aufgaben haben Kassandra, Priamos und Eumelos in ihrem „Beruf"? StA/UG	
	Gefahr des Umschlags von rationaler Effizienz in Irrationalität,	Aufzeigen der Entwicklung der Figur des Priamos;	Wie verändert sich Priamos im Laufe der Zeit? PA/UG	
	z.B.: Militärapparate, Verwaltungsbürokratien, Wirtschaftsorganisationen, Realitätsverlust bei Politikern	freie Diskussion	Christa Wolf: Troja als Modell heutiger Gesellschaftssysteme. UG	Sammeln von Textstellen zu Polyxena und Penthesilea

2. Stunde

Die Frau unter den Bedingungen des Patriarchats		SV/UG	
Masochistische Selbsterniedrigung zur Ware (Polyxena), kämpferische Übersteigerung des Weiblichen (Penthesilea), Verhaftung in patriarchalischen Wertvorstellungen (Polyxena und Penthesilea);	Darstellung und Auswertung mehrerer Textstellen zu Polyxena und Penthesilea;		
von zwiespältiger Einordnung ins Patriarchat zu neuer Lebensform;	Herausstellen des Entwicklungsprozesses in Kassandra;	Welche Stellung nimmt Kassandra zwischen diesen Polen ein? UG	
Stichwörter: „Weibchen", militante Feministin, berufstätige Frau	Reflexion über die Situation der Frau heute	Gibt es Polyxena, Penthesilea und Kassandra noch heute? UG	Lektüre „mit dem Bleistift": zusammenfassende Darstellung der Thesen Bachofens und Engels' (vgl. die entsprechenden Kap., S. 37 f. und S. 38 ff.)

3. Stunde

Gegenstand	Didaktische Aspekte/Lernziele	Unterrichtsverlauf	Methodische Hilfen/Impulse	Hausaufgaben/Referate
Bachofen und Engels als Quellen Christa Wolfs	Parallelen und Unterschiede: Bachofen – Engels;	Vergleich der Thesen Engels' und Bachofens;	SV/UG	
	Zusammenhang: Patriarchat – Rolle der Frau;	Transfer der Thesen Bachofens und Engels' auf *Kassandra*;	Sammeln von Szenen aus *Kassandra*, die Engels' und Bachofens Thesen verdeutlichen. PA/UG	
	Verdeutlichung der Position Wolfs	Gegenüberstellung der Positionen Wolfs und Girnus'	Vorlage eines Zitates von W. Girnus (vgl. Materialien): Welche Position vertritt Girnus? UG	Sammeln von Textstellen: vorpatriarchalische Verhältnisse und Gebräuche in Troja (S. 17–64)

4. Stunde

Gegenstand	Didaktische Aspekte/Lernziele	Unterrichtsverlauf	Methodische Hilfen/Impulse	Hausaufgaben/Referate
Überreste des alten Matriarchats in Troja	Verdeutlichung der Umbruchsituation in Troja (Hekabes Traum, Helenos und Kassandra, Hesione); Merkmale matriarchalischer Kultur (Aisakos, Menschenopfer, Kybelekult);	Erläuterung und Diskussion mehrerer Textstellen vor dem Hintergrund der Thesen Engels' und Bachofens;	SV/UG	

Christa Wolfs ambivalente Sicht der frühen Matriarchats;	Darstellen der Ablehnung bzw. Bejahung einzelner Aspekte;	Wie steht Kassandra den einzelnen Phänomenen des Matriarchats gegenüber? SV/UG	
Notwendigkeit einer dritten, neuen Gesellschaftsform (Skamander)	Zusammenfassung und Diskussion der Ergebnisse der 4 Stunden	UG	Lektüre „mit dem Bleistift": Auszug aus dem Lexikonartikel „Kommunismus" (vgl. Materialien)

5. Stunde

Die Welt am Skamander als Verwirklichung der kommunistischen Idee	Grundzüge kommunistischer Theorie;	zusammenfassende Darstellung des Lexikonartikels;	SV/UG/TA
	identischer Inhalt; statt historischem Prozeß konkrete Utopie im räumlichen Modell (Zitadelle – Skamander); bei Wolf: Betonung des matriarchalischen Aspektes;	Transfer auf die Welt am Skamander;	Bezüge zwischen Lexikonartikel und der Welt am Skamander? UG
	z. B.: „Weg" zum Ziel; anthropologische Annahme: Der Mensch sei „gut"	freie Diskussion	Problematik dieses Lösungsvorschlages? UG

3. Stunde

„Dadurch aber, daß Christa Wolf untergründig das Problem der unterdrückten Frau überdies auf mir unverständliche Weise mit dem ‚mörderischen Wer – Wen‘ verknüpft, wird dem Leser ... der Eindruck suggeriert, die Geschichte sei nicht in ihrem tiefsten Grunde der Kampf zwischen Ausbeutern und Ausgebeuteten, sondern zwischen Männern und Frauen, ja noch grotesker: zwischen ‚männlichem‘ und ‚weiblichem‘ Denken ...“

(Wilhelm Girnus: „Wer baute das siebentorige Theben?“ In: Sinn und Form 35 (1983) 442)

5. Stunde

„K. ist danach eine auf dem Weg über revolutionäre Neuerungen herbeigeführte innere Befriedung und Harmonisierung der in Unausgeglichenheiten, Willkürakten, einseitigen Bereicherungen, Entrechtungen und Knechtungen sich ergehenden oder befangenen bürgerlichen Gesellschaft. Als Haupterrungenschaft des K. gilt die Aufhebung des Privateigentums. Damit verbunden werden positive Vorstellungen von Gütergemeinschaft und von freier Assoziation der Menschen zum Zweck gemeinsamer und koordinierter Arbeit in Landwirtschaft, Gewerbe und Industrie. Gleichartige Befriedigung der Bedürfnisse soll Konkurrenz, Differenzierung und somit Herrschaft zum Verschwinden bringen. Freie Assoziation, d. h. ungezwungene Geselligkeit in der Arbeit, gilt als Organisationsform der kommunistischen Gesellschaft der Zukunft. Durch sie soll eine vernünftige Form der Organisation der Produktion und eine gerechte Form der Distribution erreicht werden. Allgemein wird angenommen, im K. sei eine reichliche Güterproduktion durch die Nutzung der bereits vorhandenen und sich sodann blühend weiterentwickelnden Technik und Wissenschaft garantiert. Überhaupt nimmt man an, daß alle guten Seiten des Menschen in dem Moment zu voller und freier Entfaltung gelangen, von dem ab durch den Wegfall materieller Not und durch Herstellung wirklicher Gleichheit aus der Gesellschaft heraus kein Appell an die niederen Gefühle des Menschen mehr in Gang gesetzt werde und zu setzen sei. Damit gehen in den K. alle positiven Errungenschaften und Eigenheiten der bürgerlichen Gesellschaft ein, während alle ihre mißliebigen und negativen Charakterzüge abgestreift werden. (899) Der K. als neue Organisationsform der Gesellschaft ist für Marx humaner Naturalismus und natürlicher Humanismus. In ihm wird die freie Auseinandersetzung des Menschen mit der Natur (dies ist der philosophische Arbeitsbegriff des jungen Marx) nicht mehr über die entstellenden und entfremdenden Mechanismen der Arbeitsteilung, der Entrechtung und der unterjochenden Beherrschung vieler durch wenige, die das Privateigentum mit sich bringt, zu bewerkstelligen sein. Natur als Vorrat potentieller Menschlichkeit und Menschlichkeit als verwirklichte Natürlichkeit sind Begriffsraster des vollendeten K. [29], der nur durch Revolution herbeigeführt werden kann; wobei Marx in seiner Jugend meint, das begreifende Subjekt der Geschichte, durch welches die Revolution bewerkstelligt werde, könnte in Deutschland von philosphischer Provenienz sein, – eine Meinung, die er freilich nicht lange behielt, um das Proletariat sodann als Vollstrecker und Voll-

ender und dessen sich herausbildendes Klassenbewußtsein als reflektierende Entität der inneren Notwendigkeit der geschichtlichen Entwicklung zu entdecken. (...)
Unter kapitalistischer Produktionsweise reift zwar die sozialistische Revolution heran, die – wie insbesondere Engels betont – den Staat zum Verschwinden bringt, ihn in gesellschaftlichen Beziehungen freier Assoziation untergehen, ertrinken, absterben läßt; aber eben durch das Verschwinden der Herrschaft von Menschen über Menschen zugunsten einer Verwaltung von Sachen [31] zeigt sich eine völlig neue Qualität des Zusammenlebens." (904)

(Historisches Wörterbuch der Philosophie, hrsg. von J. Ritter und K. Gründer, s. v. „Kommunismus".)

Themenkreis 1: Kassandras Geschichte

1. Stunde

Gegenstand	Didaktische Aspekte/ Lernziele	Unterrichtsverlauf	Methodische Hilfen/ Impulse	Hausaufgaben/ Referate
Lebensgeschichte Kassandras	Dreischritt in der Entwicklung: Kindheit und frühe Jugend; Zeit als Priesterin; Leben am Skamander/Korrespondenz zwischen innerer und äußerer Entwicklung	Inhaltliche Füllung der Tafel I S. 109 dieser Arbeit und Festlegung der zu behandelnden Aspekte	UG	vorbereitend: Lebensgeschichte Kassandras im Überblick (dazu: Tafel I) ------ Notizen zu Kassandras Kindheit und Jugend bis zur Priesterweihe (20–25; 29 f.; 35; 43; 59)

2. Stunde

Kindheit und Jugend bis zur Priesterweihe	„Zwiespalt" als Leitwort	Sammeln von Einzelaspekten (HA) und zusammenfassende Diskussion	SV/UG/ev. TA	
	Zeit kulturellen Umbruchs von matriarchalischer zu patriarchalischer Ordnung	Schlußfolgerung aus den Teilergebnissen der Stunde	Worin ist der Zwiespalt begründet? UG	Sammeln von Textstellen und Notizen: Warum wird Kassandra Priesterin? Wie versteht sie das Amt – anfangs und später?

3. Stunde

Das Priesteramt als vergeblicher Versuch der Lösung des inneren Zwiespaltes	Priesteramt als Schutzschild, Selbstbestätigung und Machtposition	Darstellen der Beweggründe Kassandras und der Bedeutung der Priesterweihe in bezug auf vorhergehende Lebensphase	SV/UG	Kassandras Träume: Traum von Apollon (19 f.; 29); Traum von Sonne und Mond (102 f.)
	Priesteramt: Gefangenschaft und Ruhepunkt/ Kompromisse als mißlingende Versuche der Lösung des Zwiespaltes/ unbewußte Flucht in einen Prozeß der Depersonalisation	Auswertung und Diskussion mehrerer Textstellen	Wie wirkt sich die Entscheidung für das Priesteramt später aus? SV/UG	

4. Stunde

Kassandras Träume als Spiegelbilder ihrer Psyche	Initiationstraum: Wunsch- und Abwehrtraum	Deutung der zweifachen Gestalt Apollons	Welche Beziehung zwischen Inhalt und Zeitpunkt des Traumes? UG
	Traum als Spiegel der paradoxen Situation der Frau in einer von männlichen Wertvorstellungen geprägten Welt;	Beschreibung und Deutung des Traumes/Transfer auf Kassandras Stellung als Priesterin	Was ist das „Verkehrte" an Kassandras Traum von Sonne und Mond? PA/UG

141

Gegenstand	Didaktische Aspekte/ Lernziele	Unterrichtsverlauf	Methodische Hilfen/ Impulse	Hausaufgaben/ Referate
	z. B.: Notwendigkeit der Änderung der bestehenden Wertehierarchie/ Suche nach einem noch unbekannten Weg	offene Diskussion	Vorlage einer Äußerung von Christa Wolf (vgl. Materialien); Bezug zwischen Zitat und der Bedeutung von Kassandras Traum? UG	Kassandras „Anfälle" (46–48; 70–75; 80–82); auslösendes Moment? Verlauf?

5. Stunde

Gegenstand	Didaktische Aspekte/ Lernziele	Unterrichtsverlauf	Methodische Hilfen/ Impulse	Hausaufgaben/ Referate
Kassandras „Wahnsinn" als Ausdruck nicht zu bewältigender innerer Spannung;	gleicher Verlauf/gleicher Kernpunkt;	Beschreibung der auslösenden Momente und des Verlaufs von Kassandras „Anfällen";	Was ist allen „Anfällen" gemeinsam? UG	
	„Anfälle" als Reaktionen auf den Zwiespalt zwischen Wahrnehmung der Realität und Hang zur Übereinstimmung mit offiziellen Lesarten/Absturz in den Wahnsinn als Flucht;	Bedeutung von Kassandras „Anfällen";	Kassandra: „Wahn-Sinn als Ende der Verstellungsqual" (71). Was ist damit gemeint? UG;	
Kassandras Sehertum	Sehertum: genaue Wahrnehmung, „Erfahrung"/ Kontrast: Kassandra – Troer;	Zusammenstellung und Auswertung mehrerer Textstellen;	Sammeln von Textstellen: Kassandras Sehergabe StA/UG;	

Von der Gleichsetzung von Schergabe und Priesteramt zu der Erkenntnis: Institution und Ritual verhindern „Sehen"	Herausstellen des Wandels in Kassandra	Verbindung Priesteramt – Sehergabe? (30; 33; 44; 48) PA/UG	GK: Charakterisierung des Lebens am Skamander (143–145; 153–156) LK: F. Schiller: *Kassandra*. Wie wird das Sehertum dargestellt?

Stunde 5a (nur für LK)

F. Schiller: *Kassandra*. Sehertum im Vergleich; vgl. 5. Stunde;	„Sehen" in visionären Bildern/Seherin als Gefäß der Gottheit/Sehertum mit Priesteramt verknüpft/Bedeutung der Begriffspaare: Irrtum – Wissen/Augenblick – Zukunft vgl. 5. Stunde;	Darstellung des Sehertums in Schillers Ballade; UG	
		Vergleich: Schiller – Wolf UG	vgl. GK 5. Stunde

6. Stunde

Das Leben am Skamander als Ausweg für Kassandra und als alternative Gesellschaftsform	Herrschaftsfreie Beziehungen; klassenloses Sozialgefüge; zwischenmenschliche „Wärme";	Herausstellen des Kontrastes: Zitadelle – Skamander;	Unterschied: Leben am Skamander – Leben in der Zitadelle? SV/UG
	Lösung des Zwiespaltes in Kassandra; Leben am Skamander als Utopie;	Charakterisierung von Kassandras Leben am Skamander; Zusammenfassende Deutung der Aspekte des Lebens am Skamander;	Wie lebt Kassandra am Skamander? UG Welche Bedeutung des Lebens am Skamander gibt es über die individuelle für Kassandra hinaus? UG
	z. B.: Gefühl als tragendes Element des Zusammenlebens; Einfachheit d. Lebensführung; Rückkehr zu einer agrarisch orientierten Gesellschaftsform	offene Diskussion	Möchten Sie am Skamander leben? UG

Materialien zu Themenkreis 1: Kassandras Geschichte

4. Stunde

„Die Lage ist hoffnungslos: Wenn nicht große Teile der Gesellschaften andere Werthierarchien einsetzen – nicht mehr: Höher, schneller, besser! –, wenn nicht ganz andere Werte an die erste Stelle rücken, wenn nicht verstanden wird, daß es keine Stärke ist, gegen Waffensysteme Waffensysteme zu setzen, wenn nicht verstanden wird, daß ein anderer Weg gesucht werden muß zwischen den falschen Alternativen" (DA 923 f.).

Themenkreis 4: Sprache und Struktur

1. Stunde

Gegenstand	Didaktische Aspekte/ Lernziele	Unterrichtsverlauf	Methodische Hilfen/ Impulse	Hausaufgaben/ Referate
Die Grobstruktur des Erinnerungs- monologes	Erst sukzessiver Abstieg des erinnernden Be- wußtseins von der Gegen- wart zur Kindheit, dann von der Jugendzeit zur Gegenwart; Zeitdurch- brüche als konstituie- rende Elemente; Durch- lässigkeit der Zeitebenen	Auswertung der Tafel II (s. S. 110f. dieser Arbeit)	UG/ev. TA	Vorbereitend: Über- blick über die Struktur der Erzählung (Tafel II); Analyse S. 123 f. („Ja, ja, ich sah es … verleugnen müssen"): Wie wird zwischen Vergangen- heit und Gegenwart vermittelt?

2. Stunde

Gegenstand	Didaktische Aspekte/ Lernziele	Unterrichtsverlauf	Methodische Hilfen/ Impulse	Hausaufgaben/ Referate
Die Feinstruktur des Erinnerungs- monologes	Drehpunkte des Zeit- ebenenwechsels; Vertiefung des LZ;	Vortrag und Ergänzung der HA; Vergleich der Ergebnisse der PA;	UG/TA Analyse S. 50f. („Das hab ich lange … Als ich ein Kind war");	

145

Gegenstand	Didaktische Aspekte/ Lernziele	Unterrichtsverlauf	Methodische Hilfen/ Impulse	Hausaufgaben/ Referate
	Vergangenheit als Unabgeschlossenes, Basis und Inhalt des erinnernden Bewußtseins; Verflüssigung der Erinnerungssubstanz	zusammenfassende Diskussion	Auswirkungen der Erzählweise auf das Erzählte? UG	Analyse von 4 Textstellen (vgl. Materialien): Wer sagt was?

3. Stunde

Gegenstand	Didaktische Aspekte/ Lernziele	Unterrichtsverlauf	Methodische Hilfen/ Impulse	Hausaufgaben/ Referate
Rede- und Bewußtseinsdarstellung	personale Polyvalenz;	Gegenüberstellung mehrerer Deutungen und Diskussion;	SV d. HA/UG	
	Verbindung von modaler und temporaler Polyvalenz;	Auswertung und Vergleich der Ergebnisse der PA;	Textstelle S. 65 f.: weitere Formen der Unbestimmtheit? PA/UG	
	Verschleifung von Bewußtseinsinhalten mit Rededarstellung;	Analyse von 3 Textstellen (vgl. Materialien);	UG	
	Offenheit aller Bezüge (Kassandra, Leser)	schlußfolgernde Diskussion	Kassandra: „Da von jedem etwas in mir ist, habe ich zu keinem ganz gehört, (...)." (6)	zusammenfassende Darstellung der Ergebnisse der Stunden 1–3

4. Stunde

„weibliches Schreiben"	Polyvalenz und Netzwerk als Leitwörter;	Vortrag der HA und Diskussion;	SV/UG	
		Darstellung und Diskussion einiger Beispiele;	Rückgriff auf zuvor behandelte Themenkreise: Wo gibt es sonst noch Vieldeutigkeit? StA/UG	
	Aufgabe des linearen Prinzips der Fabel zugunsten der „Mannigfaltigkeit der Erscheinungen" (Christa Wolf);	kontrastive Darstellung;	Was unterscheidet diese Erzählweise von den Ihnen bisher bekannten? UG	
	Schreiben als Selbsterforschung;	Erläuterung des Zitats und Transfer auf *Kassandra*;	Vorlage eines Zitats von Christa Wolf (vgl. Materialien): Bedeutung dieser Art des Schreibens? UG	
	z. B.: subjektives Lesen: Einbringen des Leser-Ichs in den Text → Erweiterung des Textes	offene Diskussion	Rolle des Lesers? UG	Analyse des Anfangs der Erzählung (S. 5 f. ...) „nur leer"): Auffälliges in Syntax und Wortwahl

5. *Stunde*

Gegenstand	Didaktische Aspekte/ Lernziele	Unterrichtsverlauf	Methodische Hilfen/ Impulse	Hausaufgaben/ Referate
Der Stil der Erzählung I		gesteuertes Sammeln und Gruppieren von Textbeispielen;	UG/TA	
	Erkennen der Gruppen der stilistischen Mittel (Kürze, Umstellung, Wiederholung und Häufung, Ausruf) und ihrer Einzelfiguren;	differenziertes Benennen der verwendeten Stilmittel;	Welche Gemeinsamkeiten der Beispiele der Gruppen an der Tafel? Welche Unterschiede? UG/TA	
	„hoher" Stil als Indikator für besondere Intensität und emotionale Beteiligung Kassandras	Bestimmung der Funktion der eingesetzten Stilmittel	Was bewirken diese Stilmittel? UG	Stilanalyse S. 84 f. („Immer hab ich mich bemüht … ich habe es gesehen")

6. *Stunde*

Gegenstand	Didaktische Aspekte/ Lernziele	Unterrichtsverlauf	Methodische Hilfen/ Impulse	Hausaufgaben/ Referate
Der Stil der Erzählung II	Festigung der gewonnenen Erkenntnisse aus Stunde 5;	Auswertung und gegebenenfalls Ergänzung der HA;	UG	
	3 Sprachebenen: „mittlere" vorherrschend/„niedere" Sprachebene in den Personenreden und in den Reden/Reflexionen Kassandras als Verdeutlichung von Intimität	Darstellung und Diskussion der Ergebnisse	Vorlage eines Zitats aus einer Rezension (vgl. Materialien); dazu Textstelle aus „Kassandra" (S. 38 ff. „Was man wußte … Nichts sonst"). Überprüfen Sie die Aussage des Zitats an der angegebenen Textstelle! PA/UG	

Materialien zu Themenkreis 4: Sprache und Struktur

2. Stunde – HA
S. 65 f. – „Am Kopf der Tafel ... War es nicht immer so!"
S. 145 – „Es ging also ... vermählen."
S. 155 – „Der Vater ... mich zur Frau.".
S. 158 – „Eumelos ... hinweggehen."

3. Stunde
S. 26 – „Wie auch ich ... Nichts als Worte, Kassandra."
S. 60 – „Endlich begriff ich ... ihn zu töten."
S. 64 – „Arisbe sah mich ... meine Liebe, sagt Arisbe."

4. Stunde
„Man muß also Schreibtechniken finden, ... die es fertigbringen, die fast unauflösbaren Verschränkungen, Verbindungen und Verfestigungen, die verschiedenste Elemente unserer Entwicklung miteinander eingegangen sind, doch noch einmal zu lösen, um Verhaltensweisen, auf die wir festgelegt zu sein scheinen, zu erklären und womöglich ... doch noch zu ändern" (DA 786).

6. Stunde
„Kassandra spricht vom Kothurn. Ein dauernd hoher, hochgespannter und daher bald spannungsloser Ton beherrscht diese Prosa". (Reinhard Baumgart in: Der Spiegel, 4.4.83).

4
Klausurvorschläge

Grundkurs (Arbeitszeit: 2–3 Schulstunden)

1. Vergleichende Textanalyse

   Einsicht ist mit Voraussage eng verwandt. Etwas voraussagen heißt soviel wie den zukünftigen Gang der Ereignisse aus der Richtung und Intensität der Kräfte zu schließen, die wir gegenwärtig am Werk sehen (*Märchen, Mythen, Träume*, S. 36)

   Betrachten Sie Christa Wolfs Konzeption von Kassandras Sehertum vor dem Hintergrund dieser Aussage Erich Fromms, und vergleichen Sie damit das Bild der Seherin Kassandra in Schillers gleichnamiger Ballade.

2. Übergreifende Textanalyse
   a) Nehmen Sie die beiden Thronszenen in *Kassandra* (S. 17, S. 118) zum Ausgangspunkt, und umreißen Sie, welche Veränderungen im Staatswesen Troja in ihnen verdeutlicht werden.
   b) Stellen Sie dar, welche Rolle Eumelos bei diesen Veränderungen spielt.
   c) Ordnen Sie Kassandras Ausspruch „Der Eumelos in mir verbot es mir" (S. 81) in den Kontext ein, und erläutern Sie ihn auf der Grundlage der Ergebnisse aus den ersten beiden Aufgaben.

3. Übergreifende Textanalyse und Erörterung
   a) Skizzieren Sie das Verhalten Kassandras, Polyxenas und Penthesileas im gegebenen gesellschaftlichen System.
   b) Versuchen Sie eine Aktualisierung der Gestalten der Polyxena und der Penthesilea.

4. Textanalyse und Erörterung
   Kassandras Traum von Sonne und Mond (S. 102 f.)
   a) Ordnen Sie den Traum von Sonne und Mond in den Textzusammenhang ein und erklären Sie ihn.
   b) Erörtern Sie vor dem Hintergrund des Traums von Sonne und Mond folgende Äußerung Christa Wolfs aus dem Gespräch „Ursprünge des Erzählens":

   Die Lage ist hoffnungslos: Wenn nicht große Teile der Gesellschaften andere Werthierarchien einsetzen – nicht mehr: Höher, schneller, besser! –, wenn nicht ganz andere Werte an die erste Stelle rücken, wenn nicht verstanden wird, daß es keine Stärke ist, gegen Waffensysteme Waffensysteme zu setzen, wenn nicht verstanden wird, daß ein anderer Weg gesucht werden muß zwischen den falschen Alternativen (DA 923 f.).

Leistungskurs (Arbeitszeit: 4–5 Schulstunden)

1. Textanalyse
S. 25, letzter Absatz – S. 38, erster Absatz
a) Geben Sie kurz die wesentlichen inhaltlichen Aspekte dieses Abschnittes wieder.
b) Fertigen Sie eine detaillierte Textanalyse des Abschnittes an (Zeitstruktur; Drehpunkte des Zeitebenenwechsels; rhetorische Mittel).
c) Erläutern Sie, inwiefern diese Form des Schreibens als ‚weibliches Schreiben' verstanden werden kann.

2. Vergleichende Textanalyse und Erörterung
a) Stellen Sie den Bereich des Palastes (der Zitadelle) und die Welt am Skamander einander gegenüber.
b) Diskutieren Sie die Utopie der Frauen am Skamander und ihre Realisierbarkeit unter Berücksichtigung folgender Zitate

1. Erich Fromm: *Haben oder Sein,* S. 189 f.:
Einer der gewichtigsten Einwände gegen das Ziel, Habsucht und Neid zu überwinden, nämlich der Einwand, daß diese in der menschlichen Natur verwurzelt seien, verliert bei näherer Betrachtung stark an Bedeutung: Habsucht und Neid sind nicht von Natur aus so stark, sondern infolge des allgemeinen Drucks, ein Wolf unter Wölfen zu sein. Sobald sich das gesellschaftliche Klima, die allgemeinverbindlichen Maßstäbe geändert haben, wird auch der Übergang von der Selbstsucht zum Altruismus um vieles leichter sein.

2. Christa Wolf: *Der Schatten eines Traums,* DA 531:
Eine kühne Idee, zwischen Mann und Frau könnten auch andre Beziehungen walten als die von Herrschaft, Unterordnung, Eifersucht, Besitz: gleichberechtigte, freundschaftliche, hilfreiche.

3. Übergreifende Textanalyse und Erörterung
Auszug aus: Carl Friedrich von Weizsäcker: *Wege in der Gefahr. Eine Studie über Wirtschaft, Gesellschaft und Kriegsverhütung.* dtv, S. 111.

Ein Bewußtseinswandel in bezug auf den Krieg als Institution zeigt sich in unserem Jahrhundert. Die Menschheit kannte den Krieg seit Jahrtausenden als unvermeidliches Übel oder sogar als Quelle von Macht, Glanz und Freiheit und als Feld menschlicher Erprobung. Die aufklärerische Überzeugung, der Krieg müsse und könne definitiv überwunden werden, hat sich heute sowohl unter Intellektuellen wie beim „Mann auf der Straße" verbreitet. Die Überzeugung leidet meist unter der Schwäche, die Bedingungen ihrer eigenen Verwirklichung nicht zu kennen. Man akzeptiert oder fördert politische, soziale, ökonomische Strukturen, die zum Konflikt, schließlich zum bewaffneten Konflikt drängen und sieht, wenn der Konflikt ausbricht, die Schuld in den Personen der Politiker oder Militärs statt in dem Systemzwang, dem diese Personen sich auch bei guter Absicht kaum entziehen können. Man gestattet sich selbst eine von Angst und Aggression erfüllte Seelenhaltung und erschrickt über die

151

unvermeidlichen Kämpfe, die eine Gesellschaft von Menschen dieser Seelenhaltung produziert. Eine Friedensabsicht, welche die gesellschaftlichen und seelischen Ursachen des Kriegs nicht sieht, ist noch kein eigentlicher Bewußtseinswandel, sie ist gleichsam nur ein Symbol der Sehnsucht nach ihm.

a) Fassen Sie die wesentlichen Aussagen des Textauszuges in eigenen Worten zusammen.

b) Zeigen Sie an ausgewählten Textbeispielen aus *Kassandra* gedankliche Parallelen zwischen von Weizsäcker und Wolf auf.

c) Setzen Sie sich kritisch mit von Weizsäckers und Wolfs Positionen auseinander.

4. Erörterung auf der Basis einer Textvorlage
   Auszug aus: Erich Fromm. Haben oder Sein. dtv, S. 136 f.

Das Ziel des heidnischen Helden war es, zu erobern, zu besiegen, zu zerstören und zu rauben. Die Erfüllung seines Lebens waren Ehre, Macht, Ruhm und die Gewißheit, der Beste im Töten zu sein … Für den heidnischen Helden bestand der Wert eines Mannes in seiner Körperkraft und seiner Fähigkeit, Macht zu erringen und zu behalten, und er starb leichten Herzens im Augenblick des Sieges auf dem Schlachtfeld. Homers ‚Ilias' ist die dichterisch großartige Geschichte glorifizierter Eroberer und Räuber. Wird der Märtyrer durch die Kategorien <u>Sein</u>, Geben, Teilen charakterisiert, dann der heidnische Held durch die Kategorien <u>Haben</u>, Ausbeuten, gewaltsam Erzwingen …
Welches dieser beiden gegensätzlichen, miteinander nicht zu vereinbarenden Modelle für unsere eigene Entwicklung ist bis zum heutigen Tag in Europa bestimmend? Wenn wir in unser Inneres schauen und uns das Verhalten fast aller Mitmenschen und unserer politischer Führer betrachten, ist nicht zu leugnen, daß unser Vorbild, unser Maßstab für das Gute und Wertvolle immer noch der heidnische Held ist. Die Geschichte Europas und Nordamerikas ist trotz der Bekehrung zum Christentum eine Geschichte der Eroberungen, der Eitelkeit und der Habgier; unsere höchsten Werte sind: stärker als andere zu sein, zu siegen, andere zu unterjochen und auszubeuten. Diese Wertvorstellungen decken sich mit unserem Ideal von „Männlichkeit": nur wer kämpfen und erobern kann, gilt als Mann, wer keine Gewalt anwendet, ist schwach und damit „unmännlich".

a) Fassen Sie die wesentlichen Aussagen Fromms in eigenen Worten zusammen.

b) Diskutieren und aktualisieren Sie Christa Wolfs Darstellung der Griechen vor dem Hintergrund des Zitats von Erich Fromm.

Anhang

Anmerkungen

[1a] Videoband, System VHS, Vertrieb: Film- und Videotechnik Gürtler GmbH, Leuchtenbergring 20, 8000 München 80.

[1b] „Die Zukunftssprache hat für mich nur diesen einen Satz: Ich werde heute noch erschlagen werden" (18). Nur einige ungewisse Voraussagen deuten in die Zukunft: „Auch ihr Haus wird untergehn" (50); „jene fernen ... Menschen, die einst leben werden" (96); „So mag es, in der Zukunft, Menschen geben ..." (136).

[2] Ausnahme: „Im Frühjahr, wie erwartet, begann dann der Krieg" (84).

[3] „Sie haben wohl recht, wenn sie sagen, je näher dem Tod, desto leuchtender und näher die Bilder der Kindheit" (42).

[4] Würde man in Tafel II die aufeinanderfolgenden Passagen der ersten 15 Seiten miteinander verbinden, so ergäbe sich ein zickzackartiges Hin und Her, bei dem Kassandra immer tiefer in die Vergangenheit vordringt.

[5] Dabei werden die Gedanken Kassandras von „Also hätte man früh" bis „Priamos, der Vater" (123) zeitneutral wiedergegeben; es ist nicht zu entscheiden, ob es sich um vergangene oder gegenwärtige Bewußtseinsinhalte handelt.

[6] Ein Begriff Wolfs, vgl. KM 136.

[7] In Tafel II mit ～～ bezeichnet.

[8] Hier dient das Stilmittel des Katalogs als Handhabe der Verflüssigung von Zeit, wie auch 42: „Die Tochter des Königs ... Die Wahnsinnige ... Die Gefangene ... Die Freie ..." oder 53: „Priamos, Aisakos, Aineias, Paris."

[9] Die Sage vom trojanischen Krieg ist Teil des sog. Epischen Zyklus, vgl. Der Kleine Pauly, s.v. E.Z.; zur spätantiken und mittelalterlichen Überlieferung und Rezeption KLL s.v. Trojaroman; Nacherzählung des Sagenstoffs bei Schwab; Kerényi 1966, 241–280; Ranke-Graves 1984, Kap. 158–168.

[10] „Zweikämpfe ..., Kampfspiele ..., nach Regeln, die die Griechen akzeptierten" (129): die Gefangennahme Lykaons (119), Achills Weigerung, am Kampf weiter teilzunehmen (128), die Wegnahme (128) und Rückgabe (130) der Briseis an Achill, der Zweikampf zwischen Hektor und dem Großen Aias mit dem Tausch der Rüstungen (129), Hektors Tod und Priamos' Bittgang (131), die Schlachtung der trojanischen Gefangenen für den Scheiterhaufen des Patroklos (132). Es gibt allerdings eine Reihe von Hinweisen darauf, daß Wolf diese Episoden nicht aus der *Ilias* selbst, sondern aus der *Griechischen Mythologie* von Ranke-Graves übernommen hat; vgl. dazu vor allem den Bericht von der Gefangennahme des Lykaon (K 119; RG 162 i; Il. 21, 34–41) und von Hektors und Aias' Tausch der Rüstungen (K 129; RG 163 d; Il. 7, 302-312).

[11] Zur vergleichenden Betrachtung (z.B. innerhalb einer Arbeitsgruppe) bieten sich folgende Bearbeitungen der euripideischen *Troerinnen* aus dem 20. Jahrhundert an: die expressionistische Franz Werfels (*Die Troerinnen des Euripides*, 1915), die antikolonialistische Sartres (*Les Troyennes*, 1965) und die psychologisierende von Walter Jens (*Der Untergang*, 1982).

[12] Fuhrmann 1984, 211 nennt eine Reihe von Gründen, die Giraudoux' Drama (obwohl sie es nicht in ihr Quellenverzeichnis aufgenommen hat) zum ,Vorläufer' von Wolfs Erzählung machen.

[13] Nicht übernommen hat Wolf das Parisurteil (RG 159); viele Sagenkomplexe

insbesondere der griechischen Seite (RG 160–165) und die gesamte Götterhandlung (z. B. RG 163 h).

[14] Aus Ranke-Graves übernommen und darum für einen Vergleich mit der Quelle geeignet sind vor allem folgende Motive: die ökonomische Bedeutung des trojanischen Krieges als eines ‚Handelskriegs' um den „Eingang zum Hellespont" (RG 162.3); ‚Stadion' (RG 159 o) und ‚Schiff' (RG 158 m; 158 r; 159 q) als auch im autobiographischen Kontext Wolfs mit ‚Krieg' assoziierte Wörter; die Greueltaten des Achill (Troilos RG 162 g; Penthesilea RG 164 a; 164.1; Polyxena RG 163 a; 163 o; 164 k; 168 k), bei Wolf grausamer als die grausamsten der von Ranke-Graves referierten Mythenvarianten (vgl. auch Aias' Vergewaltigung der Kassandra RG 168 f); die erst bei dem mittelalterlichen Epiker Benoit überlieferte Version, nach der der griechische Seher Kalchas ein trojanischer Überläufer (RG 161 c), seine Tochter Briseis die Geliebte des trojanischen Königsohns Troilos ist (RG 162 h); die Mythenversion, nach der Helena nur als „Phantom" in Troja war (RG 159 u; 159.1) und die Geschichte vom trojanischen Pferd (RG 167).

[15] Eigentum Wolfs sind: die meisten Träume Kassandras; der Kybelekult und die Welt der Frauen am Skamander (bei Ranke-Graves erwähnt werden allerdings Arisbe und Aisakos, Anchises und Aineias, Oinone; ferner die Namen Myrine, Parthena, Marpessa, Killa); Eumelos und seine Palastwache, der Sprachkrieg; Andron und sein Verhältnis zu Polyxena; die Ausgestaltung der Figur des Panthoos (vgl. RG 158 m); Kassandras Weg von der Lieblingstochter des Priamos zur Angehörigen der Gemeinschaft am Skamander und alle ihre Beziehungen (Rivalität zu Polyxena; Liebe zu Aineias).

[16] Von Ranke-Graves als „Rache" bezeichnet.

[17] Zur Sprachmanipulation in *Kassandra* vgl. den Anfang der Studie von Roebling 1985.

[18] Für den Kriegstreiber Eumelos ist ein hassenswerter Feind, als der Achill sich schon zu Kriegsbeginn zeigt, „unser bester Feind" (101).

[19] In den töricht-redundanten, nur der gegenseitigen Bestätigung dienenden Losungssprüchen der Wächter „Nieder mit dem Feind! – Ins Nichts mit ihm!" (116) wird die Kampfmoral innerhalb der Zitadelle aufrechterhalten.

[20] So wird Achills Schlachtung trojanischer Gefangener (132 f.; vgl. *Ilias*, 23, 175–182 f.; RG 163 n) bei Wolf – das konnte sie nicht in ihren Quellen finden – zum Anlaß für den Plan des Paris, griechische Gefangene niederzumetzeln, der dann von Kassandra verhindert wird.

[21] Zur Bachofen-Rezeption des Marxismus und zur sozialpsychologischen Charakteristik des „patrizentrischen" Komplexes vgl. Fromm 1980.

[22] „Nicht umsonst starren die dräuenden Mauern um die neuen befestigten Städte: In ihren Gräben gähnt das Grab der Gentilverfassung, und ihre Türme ragen bereits hinein in die Zivilisation" (Engels 189).

[23] „Der Drang nach Macht der patriarchalischen Klassengesellschaften scheint mir, psychologisch gesprochen, in einer furchtbaren Angst der herrschenden Schicht begründet zu sein. Die Angst davor, daß sie in Wirklichkeit viel ohnmächtiger sind, als ihre äußere Stärke es scheinen läßt. Wenn man ihnen diese Angst nehmen könnte, wenn man für diese Aggressivität, die sich angestaut hat, einen ableitenden Kanal schaffen könnte, der nicht Krieg wäre" (Documentation 107); vgl. Fromm 1980, 97.

[24] Vgl. den nationalsozialistischen Standartenführer Rudi Arndt in *Kindheitsmu-*

ster, der ebenfalls stereotyp als „Vieh" (KM 39; 43; 44) und, wie Achill, als „Monstrum" (K 88; KM 39; 43; 44) bezeichnet wird. In Giraudoux' *La Guerre de Troie n'aura pas lieu* nennt Demokos den Ajax „Du Vieh!" (66).

[25] „Dann leuchtete in mir das Signal auf: „Die wilde Frau", und ich sah – sehr tief unten im „Brunnen der Vergangenheit" – bei den dionysischen Festen Frauen ihre ekstatischen, orgiastischen Rituale zelebrieren, auf deren Höhepunkt ein Mann gejagt, zerrissen, verschlungen werden konnte (wie Euripides es in den *Bakchen* beschreibt)" (DA 733 f.; vgl. DA 671).

[26] Zur Situierung der „Konkreten Utopie" im „Hier und Jetzt" im Zusammenhang mit dem Utopiebegriff Ernst Blochs vgl. Thomassen 1977, 189 ff.; Maisch 1986, 80 ff.

[27] Männer und Frauen der unterschiedlichsten Herkunft leben dort nebeneinander: Killa, „die junge Sklavin aus dem Griechenlager" (138), der alte weise Anchises, Angehöriger der trojanischen Oberschicht, Oinone, die Schöne aus den Bergen, Marpessa, die Dienerin der Kassandra, Arisbe, die frühere Nebenfrau des Priamos, junge, vom Krieg beschädigte Männer (153), Polyxena, zuweilen Hekabe.

[28] „Daß er mich im Rat verfluchte, zeigte es nicht, wie er an mir hing?" (94)

[29] „Der Vater sagte noch, sofort solle ich den Plänen, die zur Verhandlung stünden, nicht nur zustimmen; ich solle mich verpflichten, über sie zu schweigen und, wenn sie ausgeführt, sie gegen jedermann ausdrücklich zu verteidigen" (147).

[30] Vgl. hierzu den Abschnitt „Über Realität" in den Frankfurter Vorlesungen: „Das Objektmachen: Ist es nicht die Hauptquelle von Gewalt? Die Fetischisierung lebendig-widersprüchlicher Menschen und Prozesse in den öffentlichen Verlautbarungen, bis sie zu Fertigteilen und Kulissen erstarrt sind" (VeE 114).

[31] Schwer zu deuten ist, daß Aineias seinen Schlangenring, nachdem Kassandra ihn abgelehnt hat, ins Meer wirft. Bedeutet dies, wenn die Schlange „Sinnbild der Reinkarnation" (VeE 100) ist, das Einverständnis, „daß wir spurlos vergehn" (91)?

[32] Bei der ersten Begegnung Polyxenas mit Achill im Apollontempel 125 f. macht Wolf über ihre Quelle (RG 163 a) hinaus den „inständigen Ausdruck von Gebrechlichkeit" (126) auf Polyxenas Gesicht und ihre Ähnlichkeit mit dem andern Lustopfer Achills, Troilos, zum Anlaß für Achills Wunsch, Polyxena zu besitzen. In der Quelle bietet Hektor an, seine Schwester gegen einen von Achill zu beschaffenden Plan des Griechenlagers zu tauschen. Wolf weist darüber hinaus auf die von den Griechen übernommenen patriarchalischen Normen hin, „daß ... Väter, ältre Brüder, über Töchter, Schwestern die Gewalt ausüben" (126); „Niemals vorher hat Troia ... eine seiner Töchter an den Feind um diesen Preis verkauft" (127).
Als Achill sich die Leiche Hektors mit Gold aufwiegen läßt (131), wird die schon bei Ranke-Graves (163 o) angelegte Einschätzung der Polyxena als käufliche Ware oder Tausch-Objekt deutlicher akzentuiert (dazu Engels 67).
Auch im Zusammenhang mit Achills Tod (145 ff.) greift Wolf eine Überlieferungsvariante aus Ranke-Graves (184 k) auf, die sie in VeE 140 fast wörtlich zitiert. Polyxena hat dem Achill das Geheimnis seiner Verwundbarkeit an der Ferse entlockt. Neu hinzugefügt hat Wolf, daß Polyxena bei Achills Ermordung im Apollontempel gegenwärtig ist, als „Lockvogel" (146) und Werkzeug im Dienst des trojanischen Staates. Sie tut, was der Rat ohne ihr Beisein beschlossen hat: „Um sie geht es nicht. Es geht uns um Achill" (147). Auch hier ist Polyxena „Objekt fremder Zwecke" (VeE 129).

155

[33] Ranke-Graves nennt einen griechischen Heerführer (164 m; vgl. *Ilias*, 23, 380) und einen Trojaner (163 g, wohl irrtümlich für Eumedes, Vater des Dolon) dieses Namens.

[34] Zur Verwandtschaft des Eumelos mit der ebenfalls „erfundenen" Gestalt des Kriegstreibers Demokos in Giraudoux' *La Guerre de Troie n'aura pas lieu* vgl. Fuhrmann 1984, 211.

[35] „Eumelos? Wer ist Eumelos. Achja. Jener Mann im Rat, dem jetzt die Palastwache unterstand" (65).

[36] „... Menelaos, der Gast, den niemand mehr „Gastfreund" nennen sollte. ... Seit wann entschied ein Offizier über den Gebrauch von Wörtern. Seitdem die, die sich die „Königspartei" nannten, in dem Spartaner Menelaos nicht den Gastfreund, sondern den Kundschafter oder Provokateur sahn. Den künftigen Feind" (65).

[37] So tauscht sie mit anderen sarkastische Bemerkungen, die über abgeschmackte Aussprüche des Eumelos unter der Beamtenschaft kursieren (66), und mokiert sich darüber, daß Eumelos dem Paris eine göttliche Abkunft suggeriert und diese Version öffentlich durchsetzt (67).

[38] Hier allerdings stößt Eumelos auf Widerstand. „Es lag uns nicht. Wir wollten sein wie wir, unkonsequent" (37), was Eumelos zu der bitteren Bemerkung veranlaßt: „Unsereins will euch retten, ... und ihr, hinter meinem Rücken zieht euch selbst den Boden weg" (37).

[39] „Aber die Palastwache war ein kleiner Haufen, der nur an hohen Festtagen in Prachtuniform den König umgab" (65).

[40] So ist z. B. bei der Rückkunft des 3. Schiffes „zum erstenmal ... eine weite Sperrkette von Eumelos-Leuten um die Landestelle gezogen" (76), und bereits anläßlich der Rückkehr des Paris Monate später heißt es: „Das Volk, wie nun üblich, hinter einer Sicherheitskette von Eumelos-Leuten zurückgedrängt" (79).

[41] Wie – mörderisch – folgerichtig diese Systeme aufeinander bezogen sind und miteinander agieren, auch wenn sie gegeneinander kämpfen, verdeutlicht wiederum Anchises: „Der Eumelos braucht den Achilles wie ein alter Schuh den andern. Aber dahinter steckt ein primitiver Trick, ein Denkfehler, den er dir in aller hundsgemeinen Unschuld eingeimpft hat. Und der nur funktioniert, solange du ihn nicht auf seine schwache Stelle kommst. Nämlich: Er setzt voraus, was er erst schaffen mußte: Krieg. Ist er soweit gekommen, nimmt er diesen Krieg als das Normale und setzt voraus, aus ihm führt nur ein Weg, der heißt: der Sieg. Dann allerdings diktiert der Feind, was dir zu tun bleibt. Dann steckst du in der Klemme und hast zu wählen zwischen Achill und Eumelos, zwei Übeln" (123).

[42] Vgl. dazu Grauert 1987, 433 f.

[43] Vgl. Marx 1985, 173.

[44] Zum Begriff der Erfahrung bei Christa Wolf vgl. Greiner 1981, 329 f.; 339 f.

[45] Vgl. RG 112 k „prophetische Trance"; RG 159 q „Kassandra prophezeite mit fliegendem Haar die Katastrophe".

[46] Vgl. z. B. „Schlotternd, gliederschüttelnd" ... „Schaum, der sich auf Lippen und Kinn absetzte" ... „meine Beine, die ich so wenig in der Gewalt hatte wie irgendein andres Glied, zuckten und tanzten in einer anrüchigen unpassenden Lust" (47); „Ich heulte. Wälzte mich in meinem Schmutz. Kratzte mir das Gesicht auf" (72); „all meine Gliedmaßen ins Zappeln, Rappeln und ins Schleudern bringt" (70).

[47] Zur Ich-Krise im Wahnsinn Roebling 1985, 218 f.

[48] Vgl. VeE 118: „Ihr „Wahnsinn" könnte wirklicher Wahnsinn sein, eine Regression in undifferenziertere Stadien ihrer Person (auch der Menschheitsgeschichte), ausgelöst z. B. durch die Zumutung, ein Tabu zu brechen."

[49] In diesem Sinn spricht Wolf von einer „Doppeldeutigkeit", einer „oszillierenden Bedeutung" (VeE 40) aischyleischer Verse; sie seien „unterschiedlich übersetzt worden …: Je nachdem, ob sie [die Übersetzer], und sei es unbewußt, auf seiten des Mannes oder auf seiten der Frau gestanden hätten" (VeE 40).

[50] Vgl. Freuds Ausführungen über Bisexualität und Ödipuskomplex in: Das Ich und das Es, SA III, 300 f.; vgl. Chodorow 1985, 168: „Die analytische Erfahrung gibt uns unzählige Beweise dieser bisexuellen Oszillation zwischen Vater und Mutter"; vgl. Weigel 1987, 205, die Lacan und Kristeva referiert.

[51] Devereux 1986, 28.

[52] Vgl. Anm. 73.

[53] Reinhart Baumgart, Ein Marmorengel ohne Schmerz. Der Spiegel 14, 4.4.1983.

[54] Vgl. Neumann 1985, 254 f., der Kassandras Stimme in der „subversiven Position", der „,Paralogie' der Außenseiter" (254) außerhalb des Diskurses der Herrschenden situiert.

[55] Roebling 1985, 224 f. spricht von einem Zurückfallen „in ein vorsymbolisches und naturhaftes Sein", einem „Regreß in den Uterus".

[56] Zur weiblichen Entwicklungspsychologie vgl. Chodorow 1985, vor allem 149; 214–221.

[57] Vgl. Antwort an einen Leser (1981), DA 446–454.

[58] Zur Angst als „Symptom des Selbst-zerstörerischen Unterdrückungsaufwands" (136), den die Ich-Bildung fordere und zur Steigerung und zum „Abbau dieser Angst" (133) im Vorgang des Erzählens vgl. die grundlegende Studie von Greiner 1985: „K[assandra] verfolgt dann die „Spur der Angst" in der Ich-Bildung zurück zu den Anfängen der abendländischen Geschichte, wo diese sich als Geschichte des kriegerischen Ich, des Ich, das des logos … mächtig ist, aus dem Mythos herauslöst" (137).

[59] Zur Ambivalenz des Feuersymbols vgl. Fromm 1981, 23.

[60] Ähnlich, ebenfalls am Leitfaden Lacans interpretierend, R.G. Renner 1985, der allerdings in der Kröte den „Ekel" Kassandras „vor der Beziehung zwischen Aisakos und Asterope" (Renner 288) verkörpert sieht.

[61] Vgl. Fromm 1981, 21 ff.

[62] Vgl. dazu vor allem Neumann 1985, 241, 254 f.; Keller 1985, 170; Roebling 1985, 214.

[63] Wolfs Idee von der Zweigestaltigkeit des der Kassandra zugeordneten Gottes Apollon wird schon auf einer entstehungsgeschichtlich sehr frühen Stufe, während ihrer faszinierten Aischylos-Lektüre vor der Griechenlandreise, formuliert: „Ist es vielleicht ein anderer Apoll, den die Troerin von Kleinasien anruft, als der, den die Griechen auf dem Festland verehren?" (VeE 11) und in den Frankfurter Vorlesungen immer wieder erwähnt („Der ‚dunkle' Untergrund und Hintergrund des ‚Lichtgotts'" im Briefwechsel Thomas Mann – Karl Kerényi VeE 99; vgl. 134; 144).

[64] Vgl. VeE 111: „Apoll habe Kassandra begehrt, nachdem er ihr die Gabe der Weissagung verliehen."

[65] Ähnlich dem Panthoos, der Kassandra in die patriarchalische Hierarchie des

Priestertums ebenso einführen wird (18; 28; 30) wie in die Sexualität (30; 32 f.).
[66] Zu „Muster" vgl. KM 39; 57. Das Bild von dem im Dunkel leuchtenden Liebesobjekt „Es leuchtete, wie nur Aineias in den Nächten leuchtet" (145) (vgl. „Weiß, weiß leuchtete sein Körper in der Dunkelheit" (135)) läßt sich bis in den autobiographischen Zusammenhang von *Kindheitsmuster* verfolgen: „bei der Heimkehr am Abend, das weiß leuchtende Gesicht der Mutter, die in der Dunkelheit im Fenster liegt" (KM 138).

[67] Vgl. Brinkmann 1985, 88.

[68] Die These von Gidion 1985, Kassandra zitiere lediglich den hohen Stil, um ihn dann aufzugeben und „mit eigener Stimme" zu sprechen, läßt sich – analysiert man das sprachliche Material der gesamten Erzählung *Kassandra* – m. E. nicht halten.

[69] Franz K. Stanzel, Typische Formen des Romans, Göttingen 1964.

[70] Max Frisch, *Homo faber,* Frankfurt 1957, 182.

[71] Dazu Brinkmann 1985, 86 f.

[72] Damit wäre die Regel, daß die Ich-Erzählung Bewußtseinsinhalte anderer Personen nicht darstellen kann, für Wolfs Erzählung außer Kraft gesetzt.

[73] Der Satz „Die Wächter vor den Toren des Bewußtseins abziehen" wird in *Kindheitsmuster* für die Aufhebung der Selbstzensur im Traum (KM 203) und im künstlerischen Schaffen (KM 211) verwendet. Es handelt sich um die Paraphrase eines Satzes von Schiller „Bei einem schöpferischen Kopfe hingegen, deucht mir, hat der Verstand seine Wache von den Toren zurückgezogen" (Brief an Körner vom 1.12.1788), den Freud anläßlich seiner Darstellung der Traum-Zensur zitiert (SA II, 123).

[74] Zu den Ansätzen einer Theorie weiblichen Schreibens vgl. Frauensprache 1986; Richter-Schröder 1986; Weigel 1987 (vor allem „Das Weibliche als Metapher des Metonymischen" S. 196–213).

[75] Vgl. dazu die Theorie des „offenen Kunstwerks" bei Eco 1977: „Die Poetik des „offenen" Kunstwerks strebt ... danach, im Interpreten „Akte bewußter Freiheit" hervorzurufen, ihn zum aktiven Zentrum eines Netzwerks von unausschöpflichen Beziehungen zu machen, unter denen er seine Form herstellt" (31).

[76] In einem 1983 in den USA geführten Gespräch mit Christa Wolf sagt eine Teilnehmerin: „Mich interessiert, ... daß ich mich an dem Prozeß beteilige, den du durchmachst. Ich finde mich im Prozeß wieder, ich arbeite mit, ich versuche mitzudenken. An sich ist das ein Gespräch. Ich will dieses Netzwerk ...
C. W.: ... um einen weiteren Knoten und eine weitere Masche erweitern. Das ist wirklich eine Art Zusammenarbeit" (DA 901).

[77] Die auf empirischem Wege gewonnenen Ergebnisse der vorliegenden Arbeit berühren sich mit Theorien weiblichen Schreibens, wie sie in jüngster Zeit vor allem in den USA veröffentlicht worden sind, vgl. z. B. Paula A. Treichler, Escaping the Sentence. In: Feminist Issues in Literary Scholarship. Hrsg. von Shari Benstock. Indiana University Press 1987, 76.

Literaturverzeichnis

Quellenwerke und Vergleichstexte

Aischylos: Die Orestie. Eine freie Übertragung von Walter Jens. München 1981
Bachofen, Johann Jakob: Das Mutterrecht. Frankfurt/M. 1975 (stw 135)
Engels, Friedrich: Der Ursprung der Familie, des Privateigentums und des Staats. Berlin 1983
Euripides: Die Troerinnen. Stuttgart 1987 (RUB 8424)
Freud, Sigmund: Sa = Studienausgabe, Bd. I–X. Frankfurt/M. 1982 (Fischer TB 7301 ff.)
Fromm, Erich: Die sozialpsychologische Bedeutung der Mutterrechtstheorie. In: E. F., Analytische Sozialpsychologie, Bd. 1. Stuttgart 1980, 85–109
Fromm, Erich: Märchen, Mythen, Träume. Reinbek 1981 (RTB 7448)
Giraudoux, Jean: Kein Krieg in Troja. Die Irre von Chaillot. Frankfurt/M. 1959 u.ö. (Fischer TB 7033)
Jens, Walter: Der Untergang. Nach den Troerinnen des Euripides. München 1982
Kerényi, Karl: Die Mythologie der Griechen, Bd. 2. München 1966 (dtv 346)
Mumford, Lewis: Mythos der Maschine. Frankfurt/M. 1980
Ranke-Graves, Robert von: Griechische Mythologie. Quellen und Deutung. Reinbek 1984 (zit.: RG)
Sartre, Jean Paul: Die Troerinnen des Euripides. In: J. P. S., Gesammelte Dramen. Reinbek 1979
Schwab, Gustav: Die schönsten Sagen des klassischen Altertums. Stuttgart 1986
Werfel, Franz: Die Troerinnen des Eripides. Leipzig 1915

Sekundärliteratur

Bauriedl, Thea: Die Wiederkehr des Verdrängten. Psychoanalyse, Politik und der Einzelne. München 1986
Bennholdt-Thomsen, Anke: Die Schiffe in Christa Wolfs „Kassandra" und die Verfahrensweise des poetischen Geistes. Literatur für Leser 1986, 53–60
Bergelt, Martin: Empathische Vernunft. Über die Erzählung „Kassandra" von Christa Wolf. In: Zerstörung, Rettung des Mythos durch Licht. Hrsg. von C. Bürger. Frankfurt/M. 1986, 111–127
Brinkmann, Hennig: Aufeinanderfolge von Sätzen in Christa Wolfs Erzählung „Kassandra". In: Studien zur deutschen Grammatik. Festschr. f. Johannes Erben. Hrsg. von E. Koller und H. Moser. Innsbruck 1985, 75–92
Buchholtz, Elisabeth: Zum Problem der doppelten Historizität in Christa Wolfs „Kassandra". In: Literatur und Medien in Wissenschaft und Unterricht. Festschr. f. Albrecht Weber. Hrsg. von W. Seifert. Köln, Wien 1987, 37–46
Chodorow, Nancy: Das Erbe der Mütter. Psychoanalyse und Soziologie der Geschlechter. München 1985
Christa Wolf. Ein Arbeitsbuch. Studien – Dokumente – Bibliographie. Hrsg. von A. Drescher. Berlin, Weimar 1989
Devereux, Georges: Frau und Mythos. München 1986
Documentation: Christa Wolf. The German Quarterly 57 (1984) 91–115
Dörfler, Heinz: Moderne Romane im Unterricht. Frankfurt/M. 1988
Eco, Umberto: Das offene Kunstwerk. Frankfurt/M. 1977 (stw 222)

Erinnerte Zukunft. 11 Studien zum Werk Christa Wolfs. Hrsg. von W. Mauser. Würzburg 1985

Frauensprache – Frauenliteratur? Für und Wider einer Psychoanalyse literarischer Werke. Hrsg. von I. Stephan und C. Pietzcker. In: Kontroversen, alte und neue Akten des VII. Internationalen Germanisten-Kongresses. Hrsg. von A. Schöne, Bd. 6. Tübingen 1986

Fuhrmann, Manfred: Christa Wolf, Kassandra. Voraussetzungen einer Erzählung: Kassandra. Arbitrium 2 (1984) 209–215

Gidion, Heidi: Wer spricht? Beobachtungen zum Zitieren und zum Sprechen mit der eigenen Stimme an Christa Wolfs Günderrode- und Kassandra-Projekt. In: Text und Kritik 46, 93–101

Girnus, Wilhelm: Wer baute das siebentorige Theben? Sinn und Form 35 (1983) 439–447.

Girnus, Wilhelm: Kein „Wenn und Aber" und das poetische Licht Sapphos. Sinn und Form 35 (1983) 1096–1105

Grauert, Wilfried: Eine moderne Dissidentin. Zu Christa Wolfs Erzählung „Kassandra". In: Diskussion Deutsch 18 (1987) 423–435

Greiner, Bernhard: Die Schwierigkeit, „ich" zu sagen. Christa Wolfs psychologische Orientierung des Erzählens. DVjs. 55 (1981) 323–342

Greiner, Bernhard: „Mit der Erzählung geh ich in den Tod": Kontinuität und Wandel des Erzählens im Schaffen von Christa Wolf. In: Erinnerte Zukunft 1985, 107–140

Growe, Ulrike: Erfinden und Erinnern. Typologische Untersuchungen zu Christa Wolfs Romanen „Kindheitsmuster", „Kein Ort. Nirgends" und „Kassandra". Würzburg 1988

Haas, Friedhelm: Christa Wolfs „Kassandra" als Modellfall politischer Erfahrung. Frankfurt/M., Bern 1988

Harbers, Henk: „Widersprüche hervortreiben". Eros, Rationalität und Selbsterkenntnis in Christa Wolfs Erzählung „Kassandra". Neophil. 71 (1987) 266–283

Hilzinger, Sonja: Weibliches Schreiben als eine Ästhetik des Widerstands. Über Christa Wolfs „Kassandra"-Projekt. Neue Rundschau 1985. 1. 85–101

Hilzinger, Sonja: Christa Wolf. Stuttgart 1986 (SM 224)

Höfer, Adolf: Von der Frau und vom Frieden. Eine Studie zu Christa Wolfs Erzählung „Kassandra". Literatur für Leser 1989, 233–253

Hörnigk, Therese: Christa Wolf. Göttingen 1989

Köhn, Lothar: Wiederholte Aufklärung. Nochmals zu Christa Wolfs „Kassandra"-Projekt. In: „Die in dem alten Haus der Sprache wohnen". Festschr. f. Helmut Arntzen. Hrsg. von E. Czucka. Münster 1991, 561–572

Keller, Thomas: Die Wolfsträume der Kassandra. Über eine weibliche Mythologie des Friedens und die männliche Logik des Krieges bei Christa Wolf. Rech. Germ. 15 (1985) 151–174

Lersch, Barbara: „Hervorbringen müssen, was einen vernichten wird". Mimik als poetisches Prinzip in Christa Wolfs Erzählung „Kassandra". DVjs. 59 (1985) 145–167

Maisch, Christine: Ein schmaler Streifen Zukunft. Christa Wolfs „Kassandra". Würzburg 1986

Mauser, Helmtrud: Zwischen Träumen und Wurfspeeren. „Kassandra" und die Suche nach einem neuen Selbstbild. In: Erinnerte Zukunft 1985, 291–315

160

Mauser, Wolfram: Das „dunkle Tier" und die Seherin. Zu Christa Wolfs „Kassandra"-Phantasie. In: Freiburger literaturpsychologische Gespräche 4 (1985) 139–157

Mauser, Wolfram: „Am Starkstrom Gegenwart". Christa Wolfs Kassandra: Eine Identität-sprengende Phantasie? In: Ein Inuk sein. Interdisziplinäre Vorlesungen zum Problem der Identität. Hrsg. von G. Benedetti und L. Wiesmann. Göttingen 1986, 282–297

Neumann, Gerhard: Christa Wolf: „Kassandra". Die Archäologie der weiblichen Stimme. In: Erinnerte Zukunft 1985, 233–264

Nicolai, Rosemarie: Christa Wolf „Kassandra". Quellenstudien und Interpretationsansätze. Literatur für Leser 1985, 137–155

Nicolai, Rose: Zum poetischen Verfahren in Christa Wolfs „Voraussetzungen einer Erzählung: Kassandra". Literatur für Leser 1989, 254–267

Nölleke, Brigitte: In alle Richtungen zugleich. Denkstrukturen von Frauen. München 1985

Quernheim, Mechthild: Das moralische Ich. Kritische Studien zur Subjektwerdung in der Erzählprosa Christa Wolfs. Würzburg 1990

Renner, Rolf Günter: Mythische Psychologie und psychologischer Mythos. Zu Christa Wolfs „Kassandra". In: Erinnerte Zukunft 1985, 265–290

Richter-Schröder, Karin: Frauenliteratur und weibliche Identität. Theoretische Ansätze zu einer weiblichen Ästhetik und zur Entwicklung der neuen deutschen Frauenliteratur. Königstein 1986

Risse, Stefanie: Wahrnehmen und Erkennen in Christa Wolfs Erzählung „Kassandra". Pfaffenweiler 1986

Roebling, Irmgard: „Hier spricht keiner meine Sprache, der nicht mit mir stirbt". Zum Ort der Sprachreflexion in Christa Wolfs „Kassandra". In: Erinnerte Zukunft 1985, 207–232

Schmidt, Ricarda: Gesellschaftliche Ohnmacht und Utopie in Christa Wolfs „Kassandra". Oxford German Studies 16 (1985) 109–121

Schuscheng, Dorothe: Arbeit am Mythos Frau. Weiblichkeit und Autonomie in der literarischen Mythenrezeption Ingeborg Bachmanns, Christa Wolfs und Gertrud Leuteneggers. Frankfurt/M., Bern 1987

Strauch, Ulrike: Literatur heute muß Friedensforschung sein. Einige Anmerkungen und Interpretationshilfen zu Christa Wolf: „Kassandra". Nouveaux Cahiers d'allemand 2 (1984) 311–325

Text und Kritik 46: Christa Wolf. München ³1985

Thomassen, Christa: Der lange Weg zu uns selbst. Christa Wolfs Roman „Nachdenken über Christa T." als Erfahrungs- und Handlungsmuster. Kronberg 1977

Weigel, Sigrid: Vom Sehen zur Seherin. Christa Wolfs Umdeutung des Mythos und die Spur der Bachmann-Rezeption in ihrer Literatur. In: Text und Kritik 46, 93–101

dies.: Die Stimme der Medusa. Schreibweisen in der Gegenwartsliteratur von Frauen. Dülmen 1987 [mit ausführlicher Bibliographie]

Weizsäcker, Carl Friedrich von: Die Zeit drängt. Eine Weltversammlung der Christen für Gerechtigkeit, Frieden und die Bewahrung der Schöpfung. München, Wien 1986

Zeittafel zu Leben und Werk

1929	am 18. März geboren in Landsberg/Warthe als Tochter des Lebensmittelhändlers Otto Ihlenfeld
1936–1945	Besuch von Grundschule und Oberschule in Landsberg
1945	Flucht nach Mecklenburg
1949	Abitur in Bad Frankenhausen (Kyffhäuser) Eintritt in die SED
1949–1953	Studium der Germanistik in Jena und Leipzig. Diplomarbeit bei Hans Mayer: *Probleme des Realismus im Werk Hans Falladas*
1951	Heirat mit Gerhard Wolf, 1952 Geburt der Tochter Annette, 1956 der Tochter Katrin
1953–1959	Wissenschaftliche Mitarbeiterin beim Deutschen Schriftstellerverband, Lektorin; Redakteurin der Zeitschrift „Neue Deutsche Literatur"; Cheflektorin des Verlages Neues Leben
1955	Erste Reise in die Sowjetunion
1955–1976	Mitglied im Vorstand des Schriftstellerverbandes der DDR
1959–1962	Lektorin des Mitteldeutschen Verlages in Halle
seit 1962	freie Schriftstellerin
1961	*Moskauer Novelle.* Kunstpreis der Stadt Halle
1963	*Der geteilte Himmel. Erzählung.* Heinrich-Mann-Preis der Akademie der Künste
1963–1967	Kandidatin des ZK der SED
1964	Nationalpreis dritter Klasse der Akademie der Künste der DDR; Rede auf der zweiten Bitterfelder Konferenz
1965	Mitglied des PEN-Zentrums der DDR
1967	*Juninachmittag. Erzählung*
1968	*Nachdenken über Christa T.*
1971	*Lesen und Schreiben. Aufsätze und Betrachtungen.* Reise nach Polen
1972	*Till Eulenspiegel. Erzählung für den Film.* (zusammen mit Gerhard Wolf) Wilhelm-Raabe-Preis der Stadt Braunschweig, abgelehnt; Aufenthalt in Paris
1973	Theodor-Fontane-Preis für Kunst und Literatur des Bezirks Potsdam
1974	*Unter den Linden. Drei unwahrscheinliche Geschichten* Mitglied der Akademie der Künste der DDR; USA-Aufenthalt: German-Writer-in-Residence am Oberlin College, Ohio
1976	*Kindheitsmuster.* Mitunterzeichnerin des offenen Briefes gegen die Ausbürgerung von Wolf Biermann an die Regierung der DDR; Ausschluß aus dem Vorstand der Berliner Sektion des Schriftstellerverbandes der DDR
1977	Literaturpreis der Freien Hansestadt Bremen
1979	*Kein Ort. Nirgends. Erzählung;* *Fortgesetzter Versuch. Aufsätze, Gespräche, Essays*
1980	*Gesammelte Erzählungen.* Frühjahr: Griechenlandreise; Georg-Büchner-Preis
1982	Poetik-Dozentur an der Universität Frankfurt

1983   *Kassandra. Erzählung;*
                Voraussetzungen einer Erzählung: Kassandra;
                Schiller-Gedächtnis-Preis der Stadt Stuttgart
                Gastprofessorin an der Ohio-State-University

1985   *Ins Ungebundene gehet eine Sehnsucht. Gesprächsraum Romantik.*
                Prosa und Essays (zusammen mit Gerhard Wolf);
                Österreichischer Staatspreis für europäische Literatur

1987   *Die Dimension des Autors. Essays und Aufsätze, Reden und Gespräche*
                1959–1985;
                Störfall. Nachrichten eines Tages

1988   *Ansprachen*
1989   *Sommerstück*
1990   *Im Dialog. Aktuelle Texte*
                Was bleibt. Erzählung
                Christa Wolf lebt in Berlin (Ost) und Meteln (Mecklenburg)